東洋大学を3度の箱根駅伝優勝に導いた「三代目・山の神」が抱く、勝者の発想

神シンキング

4年連続5区区間賞の箱根駅伝レジェンド柏原竜二が解釈する「60」のワード

柏原竜二／著

プロローグ
PROLOGUE

箱根駅伝がなかったら、
本を出版することもなかったかもしれません

　私は東洋大時代に、4年連続で箱根駅伝の5区を走りました。学生時代の私の走りを見ていた方も、後になって記事や映像で知った方も、この本を手に取った皆さんが柏原竜二を知るきっかけは、箱根駅伝だったのではないでしょうか。中学で陸上競技に出会い、高校、大学、実業団と15年間にわたる競技生活でしたが、いま振り返っても、箱根駅伝がなかったら現在の私は存在していないかもしれないし、本を出版することもなかったかもしれません。

　2012年に大学を卒業した後は実業団に進み、マラソンで活躍することを目指していました。しかし、ケガに悩まされ、思うような成績を残せなかったこともあり、2017年に引退しました。マラソンをやるために選んだチームだったので、それができなくなったら続けている意味がないと思ったのです。別のチームに移籍して競技を続ける道もあっただろうし、マラソンより距離が短い駅伝なら、

多少は脚が痛くても走れたかもしれません。ただ、妥協してまで走り続ける私の姿を、誰も求めてはいない。競技を続けた先に何が待っているのか、私には見えてこなかったので、引退を決意しました。

引退後はそのまま会社に残り、社業に専念しています。所属する会社のアメリカンフットボール部のマネージャーをしていた時期もありました。現在は文化放送をメインに大学駅伝の解説を務めているほか、全国各地で講演やトークショー、イベントに参加したり、ロードレースのゲストランナーをしたりしています。また、2024年4月からは東洋大の大学院に進学し、社業のかたわら、社会心理学を学んでいます。

この本ではできる限り、私の感情の言語化に努めたつもりです

35歳を迎えたいま、何かひとつ、自分が積み重ねてきた証を形として残したいと考えるようになりました。特に昨年1年間は、仕事をしていてもどこか達成感を得られなかったのです。社会人にな

り、さまざまな方々と交流を持つなかで、もちろん現役時代の競技について質問されることが多いのですが、それよりも皆さんが関心を持っているのは私自身の考え方でした。そこで、皆さんに私の思いを知ってもらうだけでなく、自分の指標にもなるし、自分を見つめ直したいときや壁にぶつかったときに初心に立ち返ることができると考え、本を出版することにしました。

　最近では、「柏原さんはよく話す人だったんですね」と言われることが増えました。以前の私を知る方々が、現在の私の姿を意外に感じるのも無理はありません。学生時代の私は、インタビューを受けるのが得意ではなかったので、あまり話さない、どちらかと言えば口下手な印象があったかもしれません。そんな私が解説や講演、トークショーなど、話す仕事をするまでになったのは、社会に出て幅広くコミュニケーションを取るようになり、ニュースやＳＮＳを通じて思考を巡らせるように自ら努めてきたからです。

　『神シンキング』は競技に関することから生活面まで、60個のワードを挙げて構成しています。読者の皆さんが共感する部分とそう

PROLOGUE

でない部分、価値観が合う部分と異なる部分とがあっていい。それがこの本の面白さになって、いまのご自身がどうあるべきか、考えてもらう機会になればうれしく思います。大学駅伝の取材、解説を務めたり、大学院で勉強したりするなかで、人の心や感情は頭で理解していても言語化できない、言語化しづらいものだと感じるようになりました。ですが、言語化は絶対に必要なことなので、この本ではできる限り、私の感情の言語化に努めたつもりです。それを踏まえたうえでご覧いただきたいと思いますし、読者の皆さんが自分の心を言葉で表現する手助けになれば幸いです。ただ、私の言うこと、この本に書いてあることが、すべて正論であるとはまったく思っていません。あくまで、「こんな考え方もあるのだ」という一例です。読者の皆さんご自身が、正解を導き出すヒントを見つけるために、読み進めてみてください。

柏原竜二

目次 CONTENTS

002	**プロローグ**
011	**本書の見方**

大学駅伝にまつわる「60」のワード

第1章 箱根駅伝編

014	01	箱根駅伝
016	02	往路
018	03	復路
020	04	上り
022	05	下り
024	06	中継
026	07	関東学生連合チーム
028	08	関東学生陸上競技連盟
030	09	運営管理車
032	10	元日（1月1日）の過ごし方
034	11	母校
036	12	箱根から世界へ
038	コラム① 著者が振り返る東洋大時代の春夏秋冬 **大学駅伝の春**

大学駅伝にまつわる「60」のワード

第2章 レース編

044	13	緊張
046	14	コンディション（外的条件）
048	15	ファン
050	16	試合への不安
052	17	追う展開
054	18	追われる展開
056	19	ブレーキ、ペースダウン
058	20	最長区間
060	21	エース
062	22	アンカー
064	23	体調
066	24	痛み、故障
068	25	目標
070	26	ライバル
072	27	優勝、連覇
074	28	区間賞、区間新
076	29	関東インカレ
078	30	出雲駅伝
080	31	全日本大学駅伝
082	32	メンバー変更
084	33	サポートメンバーの存在
086	34	メンバー外
088	35	飛び出し、スパート
090	36	国際大会

092 　コラム② 著者が振り返る東洋大時代の春夏秋冬
　　大学駅伝の夏

目次 CONTENTS

大学駅伝にまつわる「60」のワード
第3章 トレーニング編

098	37	やる気
100	38	練習メニュー
102	39	練習環境
104	40	集団走
106	41	ジョグ
108	42	夏合宿
110	43	朝練習
112	44	指導者（監督、コーチ）
114	45	筋力トレーニング
116	46	キャプテン
118	47	主務、マネージャー

120 コラム③ 著者が振り返る東洋大時代の春夏秋冬
大学駅伝の秋

大学駅伝にまつわる「60」のワード

第4章 生活編

126	48	食事
128	49	先輩
130	50	同期
132	51	後輩
134	52	勉強
136	53	進路（実業団、企業就職）
138	54	生活リズム
140	55	ファッション
142	56	趣味
144	57	他校の選手との関係
146	58	トラブル対応
148	59	学生との交流
150	60	家族

152　コラム④ 著者が振り返る東洋大時代の春夏秋冬
大学駅伝の冬

156　巻末特別対談
ポジティブシンキングとネガティブシンキング
柏原竜二×新谷仁美（積水化学／女子長距離選手）

172　**エピローグ**
176　**著者プロフィール**

構成／石井安里
構成（巻末特別対談）／荘司結有
デザイン／松本幸治（イエロースパー）
イラスト／丸口洋平
編集／髙野直樹（ベースボール・マガジン社）
校正／和田悟志
対談写真／小山真司
競技写真／井出秀人、中野英聡
協力／TWOLAPS

本書の見方

東洋大学で4年間を過ごし、陸上競技部員として箱根駅伝などを経験した著者が、大学駅伝にまつわる「60」のワードを厳選し、各項で1個ずつ取り上げています

取り上げたワードに対して、著者が強調したい考え方を示しています

01

箱根駅伝

箱根駅伝（正式名称：東京箱根間往復大学駅伝競走）は、2024年で第100回大会を迎えた歴史ある大会です。ファンの注目度が高く、沿道の観客も非常に多いため、雰囲気に圧倒されることもあるでしょう。「緊張してしまい、思うように走れなかった」という選手も珍しくありません。ですが本来は、どの選手にとっても、箱根駅伝は憧れの舞台であり、目標にしていた舞台であるはずです。沿道に幾重にも連なる観客に気圧されて、自分がやるべきこと、やりたかったことを見失わないでほしい。「この光景を見たくて大学に入ったのだ」「自分の求めていた光景なのだ」ととらえ、幸せだと感じてほしいと思います。

私が箱根駅伝を初めて真剣に見たのは、高校2年生のとき。2007年の83回大会でした。1区で当時・東洋大の2年生だった大西智也さん（現・東洋大コーチ）が、区間新記録で走った佐藤悠基選手（当時・東海大2年）に食いつく姿に惹かれ、自分も東洋大で箱根駅伝を走りたいと思ったのです。縁あって東洋大への入学が叶い、1年目で、4年生になっていた大西さんと一緒に箱根駅伝で優勝することができました。私は、当時箱根駅伝への憧れを持ち続けていました。現在の私も東洋大大学院で社会心理学を学んでおり、過去の自分の心を振り返ることもあります。が、箱根駅伝に対する熱意、熱量は、学生時代の4年間、変わることはなかったとあらためて感じています。

箱根駅伝の舞台に立てるのは、各校1の人しかいません。緊張も興奮も熱気も、走る選手しか味わえないです。自分で勝ち得たものであり、積み重ねてきた努力が実を結んだのだということを自分自身でしっかり評価して、自信を持って走ってほしいと思います。そして、走れるだけで満足するのではなく、自分のベストパフォーマンスを発揮することを第一に考えてほしい。たとえ、結果的に失敗してしまっても……。各大学の監督には、失敗を恐れずに全力を尽くすことの大切さを、選手たちに伝えてほしいと願います。

> 箱根駅伝出場は自分の努力でつかみ取ったものだと評価したうえで、走れるだけで満足せず、ベストパフォーマンスを発揮する。

ネガティブシンキング [BAD]
雰囲気にのまれて、やるべきこと、やりたかったことを見失ってしまう

神シンキング [GOOD／GOD!]
ずっと憧れていた、目標にしていた舞台なのだという気持ちで走る

取り上げたワードに対する、ポイントを抜き出しています

取り上げたワードに対する、ネガティブな考え方を示しています

取り上げたワードに対する、ポジティブな考え方を示しています。著者が箱根駅伝における活躍により「二代目・山の神」と呼ばれたことにちなみ、本書ではこの考え方を「神（かみ）シンキング」としています

大学駅伝にまつわる「60」のワード
第1章：箱根駅伝編

東京箱根間往復

第1章 箱根駅伝編

第1章 : 箱根駅伝編

01

箱根駅伝

ネガティブシンキング
雰囲気にのまれて、やるべきこと、
やりたかったことを見失ってしまう

神シンキング
ずっと憧れていた、目標にしていた
舞台なのだという気持ちで走る

箱根駅伝（正式名称：東京箱根間往復大学駅伝競走）は、2024年で第100回大会を迎えた歴史ある大会です。ファンの注目度が高く、沿道の観客も非常に多いため、雰囲気に圧倒されることもあるでしょう。「緊張してしまい、思うように走れなかった」という選手も珍しくありません。**ですが本来は、どの選手にとっても、箱根駅伝は憧れの舞台であり、目標にしていた舞台であるはずです。沿道に幾重にも連なる観客に気圧されて、自分がやるべきこと、やりたかったことを見失わないでほしい。**「この光景を見たくて大学に入ったのだ」、「自分の求めていた光景なのだ」ととらえ、幸せだと感じてほしいと思います。

私が箱根駅伝を初めて真剣に見たのは、高校2年生のとき。2007年の83回大会でした。1区で当時・東洋大の2年生だった大西智也さん（現・東洋大コーチ）が、区間新記録で走った佐藤悠基選手（当時・東海大2年）に食らいつく姿に惹かれ、自分も東洋大で箱根駅伝を走りたいと思ったのです。縁あって東洋大への入学が叶い、1年目で、4年生になっていた大西さんと一緒に箱根駅伝で優勝することができました。私は、箱根駅伝への憧れを持ち続けていました。現在の私は東洋大大学院で社会心理学を学んでおり、過去の自分の心を振り返ることもありますが、箱根駅伝に対する熱意、熱量は、学生時代の4年間、変わることはなかったとあらためて感じています。

箱根駅伝の舞台に立てるのは、各校10人しかいません。緊張も興奮も熱気も、走る選手しか味わえないのです。自分で勝ち得たものであり、積み重ねてきた努力が実を結んだのだということを自分自身でしっかり評価して、自信を持って走ってほしいと思います。そして、走れるだけで満足するのではなく、自分のベストパフォーマンスを発揮することを第一に考えてほしい。たとえ、結果的に失敗してしまっても……。各大学の監督には、失敗を恐れずに全力を尽くすことの大切さを、選手たちに伝えてほしいと願います。

> **POINT** 箱根駅伝出場は自分の努力でつかみ取ったものだと評価したうえで、走れるだけで満足せず、ベストパフォーマンスを発揮する。

02

往路

ネガティブシンキング

想定と違う状況になったときに、臨機応変に対応できない

神シンキング

集団でリズムを刻める選手、相手をうまく利用して走れる選手がよい

箱根駅伝は長い歴史のなかでコース変更や距離変更を繰り返し、現在は総距離217.1kmで行われています。往路と復路の2日間に分かれており、1月2日の往路は、東京・大手町の読売新聞社前をスタートして、神奈川県箱根町の芦ノ湖のフィニッシュ地点まで、5区間107.5kmで争われます。

　往路と復路ではコース特性やレース展開が異なるうえ、選手にもそれぞれタイプがあるので、往路向きの選手と復路向きの選手とがいます。各監督は選手のタイプを見極めたうえで、適材適所の配置をしているのです。もちろん、どの大学にもオールラウンドに対応できる選手はいますが、多くの選手は往路向きか復路向きのどちらかに分かれるでしょう。

　接戦のなかで走ることが多い往路に向いているのは、集団で自分のリズムを刻める選手、相手をうまく利用しながら走れる選手です。相手をうまく利用するとは、レース前半はほかの選手の後ろに付いてスパートのタイミングをうかがう、少しきつくなったときにほかの選手に引っ張ってもらい、自分が持ち直すのを待つ、ほかの選手を風よけにして体力を消耗しないようにする、といった例が挙げられます。

　単独走が苦手な選手も、往路がいいでしょう。唯一、全チームが一斉にスタートする1区を得意とする選手も多く、スペシャリストを輩出しやすい区間です。1区以外でも、2019年の第95回大会から4年連続3区で活躍し、2年時に当時の日本人選手最高記録（1時間01分23秒）で走った遠藤大地さん（帝京大）のようなスペシャリストがいれば、チームにとってプラスになります。

　集団で走っているとどうしても、自分の理想のペースや、あらかじめ想定していたペースと違う状況になることがあります。そうなったときにも冷静さを保ち、臨機応変に対応しないといけません。往路は特に、前後のチームとの差など、頭に入れておくべき情報量が多いので、考えながら走るようにします。

POINT　集団で走っていると、自分の理想のペースで進むとは限らない。想定外の状況になっても、冷静さを保つことが大切である。

03

復路

ネガティブシンキング

レース中にいろいろなことを考えすぎてしまい、プラン通りに走れない

神シンキング

単独走になったときは、ペース配分やレースプランを組み立てて走る

1月3日の復路は、神奈川県箱根町の芦ノ湖をスタートして、東京・大手町の読売新聞社前にフィニッシュする、5区間109.6kmで争われます。往路とは、一部の区間でコースが少し異なりますが、ほぼ同じコースを引き返すと考えていいでしょう。復路のスタートとなる6区は、前日の往路の到着順に時差出発します。ただし、往路でトップから10分以上の差がついたチームは、1位がスタートしてから10分後に一斉に出発します。

　近年は各校の力が拮抗しているため、復路に入っても僅差で競り合う場面が増えました。とはいえ、後半区間になれば各校の差が開いてくるのが一般的なので、往路ほど大きな集団で走ることはありません。集団といっても数人でしょう。**単独走になる可能性が高いので、復路には1人でも自分のリズムを崩さずに走れる、ペース配分を組み立てられる選手が向いています。15km以降に上げるとか、ギアチェンジするタイミングなど、レースプランを明確にして、そのプラン通りに走れる選手が復路に起用されます。**

　往路に比べると、レース中に状況判断しなければいけない場面は少ないので、**いろいろなことを考えないように走るのがいいでしょう。考えすぎると、プラン通りに走れなくなってしまいます。**

　ただ、終盤にシード権争いをしている大学の選手は別です。前後のチームやライバル校との差を把握し、監督からの指示を的確に実行しなければいけません。復路は6区の芦ノ湖で同時出発したチームがあるうえ、中継所で1位が通過してから20分が経過したチームは繰り上げ出発をするので、見た目の走行順位と実質の順位が大きく異なります。

　特にアンカーは、自分の走りでチームの最終順位が決定するわけですから、往路の選手並みか、それ以上の情報量を頭のなかに入れる必要があります。運営管理車に乗っている監督や、沿道に配置されている部員からもたらされる情報で現況を把握したら、それらを整理しながら走ります。

 POINT 単独走は考えすぎずプラン通りに走ることが大切だが、シード権争いをしているときは頭のなかで情報を整理しながら走る。

第1章　箱根駅伝編

第2章　レース編

第3章　トレーニング編

第4章　生活編

上り

ネガティブシンキング
上りは苦しいというイメージを持つと、覚悟が決まらない

神シンキング
どうやったら楽に山を上れるかを考え、ゲーム感覚で臨む

私は学生時代、箱根駅伝で4年連続5区を走りました。往路の最終区である5区は、「山上り」といわれる区間です。小田原中継所から芦ノ湖のフィニッシュ地点まで、現在は10区間中で最も短い20.8kmですが、私の在学中は最も長い23.4kmでした。

　中継所をスタートしてから、序盤は平坦なコースで、5km地点の箱根湯本駅を過ぎてから本格的に上りが始まりました。9km過ぎに大平台のヘアピンカーブを通過し、14km過ぎには大観衆でにぎわう小涌園前を抜け、標高874mの最高点へと向かっていきます。当時の小田原中継所の標高はおよそ10mだったので、864mの標高差を駆け上がっていきました。「山上り」といっても上るだけではなく、最高点を過ぎてからは5km近く、芦ノ湖を目がけて一気に下るコースです。

　上りというと、苦しい、つらいと思われがちですが、そのイメージを捨てなければ、走り切ることはできません。 もちろん、実際には決して楽な道のりではありませんが、腹をくくって挑むことが大切です。私の経験では、5区のコースで最もきついのは、大平台から2kmほど進んだあたりにある宮ノ下の急坂でした。5区の一番の難所だと思います。それでも私は、周囲の人たちが言うほど、上りを苦しいと感じたことはありませんし、また感じないように走っていました。

　「上り＝苦しい」という意識を払拭するには、日ごろの練習が重要です。**私はよく、どうやったら少しでも楽に山を上れるのか考え、自分の脳内をゲーム感覚に転換させていました。** そして、それができたときには、どのように体を使ったら楽に走れたのか、思考回路を巡らせていました。

　反対に、楽に走れなかったのなら、どうしてきつかったのかを分析します。練習後に「良かった」、「きつかった」などと、漠然とした感想を持つだけでは何も得られません。**自分の体を使って走るのですから、自分自身の感覚が最も大切なのです。**

 POINT 「上り＝苦しい」ではなく、どうやったら楽に上れるのか、ゲーム感覚で考えてみる。自分の体なので、自身の感覚を大切に。

第1章　箱根駅伝編

第2章　レース編

第3章　トレーニング編

第4章　生活編

下り

ネガティブシンキング
恐怖心を打ち消すことができず、制御がきかなくなってしまう

神シンキング
シンプルに心を無にすると、恐怖心が消えて楽になるもの

往路の５区と逆コースを走る６区は、復路のスタートです。芦ノ湖を出発して小田原中継所までの20.8kmで、「山下り」といわれる区間です。序盤に４km上って、標高874ｍの最高点に到達したら、短いアップダウンを挟んで一気に駆け下ります。箱根湯本駅からの約３kmは緩やかな下りが続き、標高35ｍの小田原中継所まで、約840ｍの標高差があるコースです。

　６区は、下り区間の平均時速がおよそ25kmというハイスピードで進みます。自分が想像していた速さを、はるかに超えるスピードが出そうになる感覚です。６区に起用されるのは、下りが得意な選手や好きな選手、適性がある選手がほとんどで、スペシャリストも多く輩出されていますが、それでも恐怖心が湧くこともあるでしょう。ただ、恐怖心を持っていると、自分の走りをコントロールできなくなる可能性があります。

　下りで大切なのは、心を無にすることです。私も５区経験者なので、上りや下りのコツを聞かれることがよくありますが、奇襲作戦は一切必要なく、シンプルに無心で走るほうが得策です。

　私が４年連続で走った５区は「山上り」の区間ですが、終盤に５km近く下りがあります。私は下りがあまり得意ではなく、常に恐怖心との戦いでした。しかし試合になると、その恐怖心を我慢しようとも考えませんでした。

　１年目と比べれば、学年が上がるごとに下りの走りも上達していきましたが、最後の４年目は、運営管理車に乗っていた酒井俊幸監督から「怖かった」と言われました。後ろから見ていると、ガードレールに突っ込むのではないかと、ひやひやしたそうです。それくらい、制御がきかなくなることもあるのです。

　下りに限ったことではないですが、ネガティブな部分が１つでもあると、体は動かなくなります。**恐怖心は一度湧くと、どんどん増幅する。それをどうやって打ち消せばいいか考え、出した答えが、心を無にすることだったのです。**

POINT　自分が想像していた以上のスピードが出そうになると、恐怖心が湧くものだが、心を無にすることで怖さは消えていく。

中継

ネガティブシンキング
視聴者、リスナーに対し、学生の頑張りが報われない伝え方をする

神シンキング
基本的なスタイルを変えずに、長く放送を続けるのはすごいこと

箱根駅伝は現在、日本テレビ系列で全国に生中継されており、視聴率は世帯平均で20％台後半から30％近くに上る人気を得ています。日本テレビの中継は1987年の第63回大会（65回大会から完全生中継）から始まり、40年が近づいてきましたが、**これだけ長い間、基本的なスタイルを変えずに放送を続けていることに感心しています。**

　放送の途中には、過去に出場した方や関係者が歴史を語り継ぐ「今昔物語」が挟まりますが、1つのスポーツを2日間、トータル十数時間にわたって伝え続けるのは大変なことだと察します。

　近年は情報がスマート化しています。日本テレビでは、放送中にリモコンのdデータを押せば、記録速報が瞬時に出てきて、各選手の走行位置もわかります。デジタルコンテンツを充実させながらも、放送の大枠を変えないのが、日本テレビのすごいところです。

　ラジオ中継は、テレビ中継の開始よりはるかに早く、1953年の29回大会からNHKが始めました。現在ではそのNHKとラジオ日本、文化放送が行っています。私は2019年度の駅伝シーズンに、文化放送の「箱根駅伝への道」ナビゲーターに就任しました。その年からは同局で放送の解説も務めることになり、本格的に出場校の取材をするようになりましたが、文化放送のアナウンサー、スタッフの年間を通しての事前取材にかける熱量も相当なものです。

　大会が近づくと、陸上競技の専門誌や日本テレビは、出場校の選手たちにアンケートを実施しますが、文化放送は事前アンケートを行っていません。選手に直接インタビューした内容だけで放送し、競技面だけでなく、選手の素顔に迫るエピソードをリスナーに届けています。ディレクターの黒川麻希さんがデータや選手情報を細かく資料化しているので、私たちも必要なときにほしい情報がすぐ手に入ります。**テレビもラジオも、視聴者やリスナーに対して、日々頑張っている学生の努力が報われるように伝えるべきですし、私も伝える側としてそう心がけていこうと思います。**

| POINT | 情報がスマート化した時代になっても、基本的なスタイルを変えずに放送し、頑張っている学生の努力を伝えていく。 |

関東学生連合
チーム

ネガティブシンキング
順位がつかないオープン参加であるため、熱量が感じられない

神シンキング
箱根駅伝から何を学ぶかは、真剣勝負をした先に見えてくる

関東学生連合チームには、10月の箱根駅伝予選会で落選した大学のなかから、予選会の成績をもとに1校1名ずつ、計16名が選出されます。ただし、留学生や、過去に1回でも本戦に出場経験がある選手は除外されます。

選抜チームが編成されるようになったのは、2003年の第79回大会からで、当時のチーム名は関東学連選抜でした。その後、出場回数の制限や、1校から出場できる人数の制限など、何度かの規定変更を経てきました（80回大会は全国から日本学連選抜を編成、90回大会、100回大会は選抜チームの編成なし）。当初はオープン参加でしたが、83〜89回大会では正式参加になり、チームの順位がついていました。青山学院大の原晋監督が指揮を執った84回大会で、総合4位に躍進したときのことは、当時・高校3年生だった私も印象に残っています。91回大会からは関東学生連合に名称が変わり、再びオープン参加になりました。

99回大会の1区では、当時・育英大4年生だった新田颯選手が、スタート後500mほどのところで飛び出し、終盤まで独走するという思い切った走りを見せてくれましたが、なかにはもう少し熱量が高くてもいいのではないか、と見受けられる選手もいます。決してやる気がないわけでなくとも、そう見えてしまうこともあるのです。自分の所属大学で出場できなかった悔しさもあるでしょうし、オープン参加ではモチベーションが上がらないことも理解できます。それでも、出るからには真剣勝負をしてほしい。**立ち向かっていく気持ちは、参加している20校の選手たちと同じくらい熱くあってほしいと思います。**

箱根駅伝に出たというだけでは、何のメリットもありません。箱根駅伝を経て、何を学んだのか、どんな発見があったのかが大事で、それは真剣勝負を挑まなくては見えてきません。**真剣勝負をしたからこそ得た経験は、自身が所属大学に戻ったときチームに還元できるし、社会に出た後にも生きてくるはずです。**

> **POINT** 20校の選手と同じくらいの熱量を持ち、真剣勝負を挑めば、所属大学に戻ったとき、または社会に出たときに経験が生きる。

08

関東学生 陸上競技連盟

ネガティブシンキング
SNS全盛時代に、文書の発表だけで済ませてしまう案件が多い

神シンキング
組織が統制されているからこそ、箱根駅伝が100年以上続く大会に

関東学生陸上競技連盟（通称：関東学連）は、関東学生陸上競技対校選手権（関東インカレ）や箱根駅伝などの大会を主催する競技団体で、関東の各大学の陸上競技部が加盟しています。1919年に創立された、日本の陸上競技界で最古の連盟組織で、2024年4月から一般社団法人となりました。

長い歴史を持つ関東学連が、確固たる意志を受け継いで運営し、組織が統制されているからこそ、箱根駅伝が100年以上続く大会になったのだと、私は敬意を表します。一方で気になるのは、重要な案件でも、文書での発表で済ませてしまうことが多い点です。**文書だけでは意思が伝わらず、憶測を呼ぶ可能性も高いです。まして今はSNS全盛時代ですから、発表する側が意図していない内容があっという間に拡散してしまいます。**

例えば、「箱根駅伝の第100回大会で、関東学生連合チームを編成しない」と決まったときに、リリース文書1枚で済ませました。決定の過程に納得のいかなかった学生が、編成可否の最終決定時期を問うメールを送っても関東学連からの返答はなく、8つの大学の選手たちが決定を覆すプロジェクトチームを発足させる事態になりました。

中心にいたのは、99回大会で関東学生連合のエントリーメンバーに入りながら、本戦を走ることができなかった選手でした。彼は、100回大会で走るチャンスがあったのです。関東学連は加盟校の学生のための組織であり、箱根駅伝の主役も学生です。たとえ、十分に議論を重ねて決定した事項だったとしても、説明が足りなければ、十分な議論がなされていないと言われても仕方ありません。

私は関東学連の幹部と話す機会があったときに、議論の内容をしっかり説明すべきだと伝えました。そうでないと、本質が見えてこないのです。世の中が日々変化しているなか、変えてはいけない部分もありますが、今は「こう議論しました」と一方的に言うだけでは受け入れられない時代なのです。

SNSが発展した時代に文書の発表だけでは受け入れられず、意思が伝わらない。議論の内容や過程をしっかり説明すべき。

第1章 箱根駅伝編

運営管理車

ネガティブシンキング

競り合っているときに、相手に情報やヒントを与えてしまう場合もある

神シンキング

最も身近な人が後ろにいてくれる、という安心感を持って走れる

箱根駅伝では各チームに1台ずつ、運営管理車という監督車が用意されており、監督、コーチやマネージャーなどのチームスタッフが、競技役員と一緒に乗っています。レース中は選手の後ろについており、1区間で6～7回（6区は残り3kmと1kmのみ）、1回につき1分間ずつ、監督またはコーチがマイクを使って声を掛けることができます。

往路は大きな集団で走ることも多いので、運営管理車が選手の後ろにつくことが難しい場合もあります。特に1区は、声を掛けられない可能性もあるでしょう。監督、コーチが指示を出せなければ、選手自身が考えながら走るので、どちらかというと復路のほうが運営管理車の役割が増えるかもしれません。

私は4年間、沿道からの声援で運営管理車からの声がほとんど聞こえなかった、というのが本音です。ですが、自分にとって最も身近な人、支えてくれた人が後ろについてくれている、という安心感がありました。

並走しているチームや、近くを走っているチームの運営管理車からの声は、意外と聞こえています。 私が走った5区は山上りなので、特に上からの声が届きやすく、「前と近づいてきたんだな」と目安にしていました。**相手の指揮官の声色も参考になります。** 後ろが近づいてくると焦って、より声を張って激励するものです。また、競り合っているときに、相手チームにどういう指示が与えられているか。例えば「もっと腕を振ろう」と声が掛かれば、相手の体があまり動いていないことがわかります。「今の1kmのラップは遅いよ」と声が掛かれば、相手が疲れてきたとわかります。私は現在、解説を務めていますが、運営管理車からの声掛けで選手の状況を把握することもあります。体の動きやペースについては、もちろん選手に伝えなくてはなりませんが、**競り合っている相手に情報やヒントを与えてしまうリスクもあるので、各指揮官は特にレース後半になったら注意が必要です。**

| POINT | 指揮官が体の動きやペースについて声を掛けると、競り合っている相手には仕掛けるタイミングなどを考えるヒントになる。 |

元日(1月1日)の過ごし方

ネガティブシンキング
世間の正月ムードに流され、大会前日なのに浮かれて過ごしてしまう

神シンキング

正月が終われば少し羽を伸ばせるから、我慢して元日も平日だと考える

箱根駅伝出場校には、正月はないようなものです。1月2日、3日の2日間のために1年間やってきたのですから、レースを翌日に控えた元日は、緊張感のある1日になります。クリスマスもそうですが、**平日と同じだと思って過ごします。**寮内やグラウンドにいれば、世間の正月ムードを感じることはありませんが、テレビをつければ正月特番ばかり。そこで、浮かれないように自分を律しなくてはなりません。

　家庭では、正月におせち料理を食べるでしょう。陸上部の寮では、特におせち料理は出ませんが、元日には雑煮や大豆料理など、アスリートの体に良い正月料理を食べていました。普段から試合前日に餅を食べる選手もいますが、私は試合前に好んで餅を食べるほうではなく、白米を食べたいと思っていましたが……。

　私はよく、元日にはいわき総合高校の恩師である佐藤修一先生に電話をしていました。1年生のときは、酒井俊幸監督がまだ東洋大に着任する前で、学法石川高校の教員だったので、電話で話したのを覚えています。

　箱根駅伝出場校にとっては、1月4日になったらようやく正月がくる、と言いたいところですが、4日から授業が始まる大学もあります。まして、総合優勝した大学は、4日の早朝から日本テレビの番組に出演するのが恒例になっているので、慌ただしく過ぎていきます。正月ムードにはなれないのが現実ですが、それでも**箱根駅伝が終わったら少しは夜更かしもできるし、羽を伸ばせると思って、3日までは浮かれずに過ごしていました。**

　そういえば、私は大学1年時から、15年以上も正月らしい正月を過ごしていません。陸上競技を引退後も、勤務する会社が元日に全日本実業団駅伝（ニューイヤー駅伝）、3日にはアメリカンフットボールの日本一を決めるライスボウルに出場しており、携わっている時期があったからです。私個人では箱根駅伝の解説もあるので、ゆっくり正月を過ごせるようになるのはまだ先になりそうです。

第1章　箱根駅伝編

第2章　レース編

第3章　トレーニング編

第4章　生活編

POINT　箱根駅伝出場校にとって、お正月はないようなものだが、1月2日、3日のために1年間やってきたことを無駄にしないように。

母校

ネガティブシンキング

母校に対してプライドを持たずに発言すると、愛のない批評になる

神シンキング

最も応援すべきチームも、一番批評しなければいけないチームも母校

私の人生のなかで、東洋大学で学んだ４年間は大きかったと思いますし、今も東洋大学の大学院で勉強できているのはありがたいことです。企業に就職して感じたのは、他大学に行けば、学歴社会のなかで幸せな生活を送れていたかもしれない、ということ。でも、私には高校時代から東洋大で箱根駅伝を走りたいというこだわりがありましたし、母校にプライドを持ち続けています。

　振り返ると、１年時の2009年に、第85回箱根駅伝で初優勝できたことが大きな出来事でした。東洋大学陸上競技部は1927年に創部、箱根駅伝には33年の14回大会から出場している伝統あるチームですが、初優勝まで長い年月を要しました。それが優勝してからは高校トップレベルの選手の入学が増え、オリンピックや世界選手権の代表を輩出するチームになりました。「東洋といえば駅伝」というイメージが定着し、学内での興味関心が高まったのです。10年も優勝から遠ざかっている現在でも、その熱が冷めないのはすごいことです。

　ＯＢとしては、最も応援すべきチームも母校だし、一番批評しなければいけないのも母校だという気持ちでいます。現在は解説者という立場上、放送中にあからさまに応援することはできません。一方で批評ばかりするのも、もちろん良くありません。しかし私は、母校に対して味方であり、敵でもありたい。良いと思ったことは褒めるし、気づいたことや言うべきことは、少々厳しいと思われても「こうしたほうが良い」と指摘します。

　私からすれば、褒めることや批評することが、母校の現況をしっかり見ている証拠になると思っています。酒井俊幸監督に直接、私の意見を伝えることもありますし、監督をはじめとするチームスタッフや現役部員たちが、私の考えをどこかで見聞きすることもあるでしょう。厳しい指摘に対し、どう感じるかはその人次第ですが、**母校へのプライドを持って発言すれば、愛のある批評になりますし、真意が伝わると信じています。**

POINT　母校に対して味方であり、敵でもある。良い部分は褒め、良くないと感じた部分を批評するのが、現況を見ている証拠になる。

箱根から世界へ

ネガティブシンキング
メディアに踊らされて、「世界を目指したい」と発言する

神シンキング
世界が目標でも、箱根駅伝がゴールでも、駅伝を好きであってほしい

近年は「箱根から世界へ」というフレーズを耳にする機会が増えました。1人でも多くのランナーに、世界へ羽ばたいてほしいと願う指導者、陸上関係者の思いは十分に理解できます。しかし私は、世界を目指すことにこだわらなくても良いと考えるようになりました。もちろん、箱根駅伝をステップにして将来的にマラソンで活躍したい、世界大会に出場したいと望む選手は応援したいです。一方で、箱根駅伝を終着点と決めた選手が、そこに向かってすべてを出し尽くす姿も素晴らしいと思います。**世界を目指すにしても、箱根駅伝がゴールでも、駅伝を好きであってほしいと願います。**

私と学生時代から交流がある実業団チームの監督が、以前、こんな話をしていました。「10000mで27分台など、学生トップレベルの実力がついた段階で、世界を目指そうと考えるくらいでいい」。学生ランナーを取材していると、本気で世界を目指そうという心意気が伝わってくる選手がいる一方で、**メディアに踊らされて「世界を目指したい」、「目標はオリンピックに出場すること」などと発言する選手が多いと感じます。**無理に世界を目指す必要はありません。学生長距離界全体で見れば、大学卒業と同時に一線から退く選手のほうが多いのですから。

大学で競技を引退した選手で、私が実業団で走る姿を見たかったのは、2019年の第95回大会から4年連続で帝京大の3区を務めた遠藤大地さんです。遠藤さんが実業団で競技を続けないと聞いたとき、私は帝京大の中野孝行監督に、「言ってはいけないことだと思いますが……」と前置きしたうえで、「もったいない気がする」と伝えました。すると中野監督からは、「アマチュアに引退はない。もしかしたら10年くらい経ったときに、遠藤がまた走りたい、本気でマラソンをやりたいと思う日が来るかもしれない。それも楽しみじゃないかな」という答えが返ってきました。人生は自然に身を任せればいい。一貫した目標を持たなくても、途中で変わっていいのだと思いました。

 POINT 実業団に進んで本気で世界を目指すのも、大学で競技を退くのもいい。どちらにせよ、日本の文化である駅伝を楽しんでほしい。

第1章 箱根駅伝編

第2章 レース編

第3章 トレーニング編

第4章 生活編

著者が振り返る
東洋大時代の春夏秋冬

大学駅伝の

（3〜5月）

同室の先輩が温厚な
大津翔吾さんだったことが救いでした

　学生長距離界では、正月の箱根駅伝で1年が終わるといわれています。確かに箱根駅伝が終わると、4年生が部を引退し、キャプテンなどの役職者が一新されます。ただ、冬の間はロードレースが続くので、シーズンが切り替わるのはやはり春だと私は思います。

　3月になると、高校の卒業式を終えた新入生たちが続々、入寮してきます。「今日は〇〇が入寮する」といった会話が毎日のようになされ、少しずつ賑やかになっていきますし、上級生も緊張感が高まります。企業が4月1日に入社式を行うように、大学にも入学式はありますが、運動部の学生は一足先に入寮します。一斉に入社式を迎える社会人と違って、入寮のタイミングはそれぞれ異なり、新入生が全員そろうまでに1週間から10日ほどかかります。毎年、新入生が入ってくると、春の陽気も含めて新鮮な気分になったものでした。私自身は高校まで寮生活をしたことがなかったので、大学

に入って他人と寝食を共にすることがとてもストレスでした。入寮してすぐ、実家に帰りたくなりました。同室の先輩が温厚な大津翔吾さんだったことが救いでしたが、寮内のルールを含め、慣れるまでに1年かかりました。

　4月の初めには、大学で進級手続きをしたり、前年度の成績表を受け取ったりしていました（現在ではWeb上で成績を確認できます）。キャンパスに行くと、サークルの新入生勧誘が熱心に行われています。私は1年目にはたくさんチラシをもらったのに、2年目からはもらわなくなりました。学生の箱根駅伝への興味関心が高かったといえるのか、柏原だと気付いた瞬間にチラシを差し出す手を引っ込める人が多かったです。渡されなくなってホッとしたような、ちょっと寂しいような気分になったのを覚えています。

大学の公式ウエアを支給されると、チームの一員になれた気持ちに

　そして、春といえば出会いの季節です。学部時代の私は、陸上を

COLUMN 01
大学駅伝の春
(3〜5月)

するために大学に入ったのであって、友達づくりに来たのではない、と思っていました（今となっては、学生の皆さんにこんな性格になってほしくないと思いますが……）。大学院に進学した現在では、惜しいことをしたな、と感じています。学部を卒業したら、そのまま大学院に進学しない限りは、どんな形であれ、いったん社会に出ます。社会に出たら、幅広く人と関わることになるのだから、学生のうちにいろいろな人とコミュニケーションを図っておくべきです。春にはたくさんの出会いをつかみに行ってほしいと思います。

　競技面では、４月に対校戦が始まると、いよいよシーズン開幕です。対校戦がない大学もありますが、東洋大には関東私学七大学対校（私の在学中は五大学でした）があります。開幕戦は、身が引き締まります。特に新入生は、大学の公式ウエアを支給されて袖を通すと、チームの一員になれた気持ちになって、ワクワクするのではないでしょうか。４月には毎週、多くの大会や記録会が行われ、関東の学生にとって前期シーズン最大の大会である５月の関東インカレを迎えます。

大学駅伝にまつわる「60」のワード
第2章：レース編

13

緊張

ネガティブシンキング

試合結果がこうであってほしい、こうなりたくないと未来を想像する

神シンキング

当日や翌日にやるべきことなど、目の前の目標や目的の達成に注力する

アスリートは未来を想像してしまいがちです。「試合結果がこうであってほしい、こうなりたくない」と、**先のことを考えるから不安になって、緊張するのです。**例えば、「仕事が定時までに終わるかな」というのは、ある程度ゴールが見えている不安です。でも、未来はゴールが見えないので、考え始めると負のスパイラルに陥ります。先のことを考えても、結果がどうなるか、答えは出ません。ならば、未来を想像するよりも、**目の前にある目標や目的の達成、課題の克服に注力すべきだと思います。**

　現役時代の私は未来を想像するのが好きではなかったので、目の前のことを1つひとつ、クリアしていきました。ですから、緊張で眠れないことはありませんでした。どちらかと言えば、試合が楽しみで眠れないほうでした。遠足や修学旅行の前日に興奮で寝付けない経験をした人は多いと思いますが、私もそれと同じ心理状態でした。楽しみで眠れないのも、一種の緊張なのかもしれませんが……。

　私はよく、将来の目標を聞かれたときに「ありません」と答えていました。明日がどうなるか分からないのに、将来のことは考えられなかったのです。将来の目標を考えること自体は決して悪くありませんが、考えたうえで目の前のことから注力すべきです。**何事においても、一足飛びはできないのです。1日1日、着実に練習できたかどうかを評価していったほうが、結果的に目標達成に近づけるはずです。**

　私は1カ月後に試合があったとしても、まずはその日にどんな練習をするのか、次に翌日はどんな練習をするのかを考えました。そしてそこから、1週間の流れを決めて、1カ月後に向かっていきました。何をするのか、だけではなく、朝練習でも本練習でも、目的や意図を理解することを忘れないようにしていました。

　漠然と目標を立てているだけの選手は、良い成績を残せないことが多いです。漠然とした目標で成功できるのは、真の天才だけだと思います。

 POINT 先のことを考えても答えは出ないし、一足飛びはできない。目の前のことができたか評価していくほうが、目標達成に近づく。

14

コンディション
(外的条件)

ネガティブシンキング
嫌なコンディションだったときに仕方ないと諦め、何も準備せずに臨む

神シンキング
コンディションは運であり、選ぶことができないが、対策は必ずできる

選手それぞれに好きなコンディション、嫌なコンディションがありますが、**試合の日の天気は運であり、誰にも選ぶことはできません。苦手なコンディションだったときでも、「嫌だな」と思って諦めるのではなく、できる限りの対策と準備をして臨むのがアスリートの基本です。**

　私は暑さが嫌いで、湿度が高いのは特に苦手でした。汗っかきでもあるので、試合の1週間前から天気予報で気温をチェックして、暑くなりそうだったら試合当日まで水分を多めに摂るなどしていました。天気予報の精度も、時代が進むにつれて目覚ましく発展しているので、1週間、いやもっと前からコンディションを予測することができます。試合で自分の力を発揮できるように対策をして、気持ちもつくっていくことが大切です。

　もちろん、私にも苦い経験はあります。大学4年生のときの全日本大学駅伝です。11月上旬とはいえ、私が務めた8区は、正午過ぎの気温が高い時間帯に走ります。レース中に脱水症状になり、口が痙攣してしまったのです。空気を吸おうと思っても、口が開かない。本当にしんどかった記憶があります。大会後、1週間は走れませんでした。例年、8区は暑くなる場合が多いと分かっていたのに、対策と準備が足りなかったことを反省しました。

　試合が近づいたら、実際のレース時間に体を動かす、レース時間に合わせた生活リズムに変えるのも効果的です。

　例えば、箱根駅伝で1区を走る選手は当日だけ早く起きているのではなく、1週間くらい前から朝2時頃に起きて、1人で練習しています。ほかの選手たちが朝練習を始めるころに終わる、という生活です。私の同期で、1区を2回走った宇野博之は、その生活を2週間前からずっと続けて、万全の準備をしていました。**対策方法に答えはなく、自分に合った方法がその選手にとっての正解です。どんなコンディションでも戦える状態で、試合に臨めるようにしてほしいです。**

 | 試合当日のコンディションは選ぶことができない。自分に合った対策と準備をして臨み、力を発揮できるようにする。

ファン

ネガティブシンキング
自分が応援するチーム以外をおとしめるような発言をするファンがいる

神シンキング
観客が試合の雰囲気をつくり、最高のパフォーマンスを引き出す

大学駅伝は熱心なファンが非常に多いです。特に箱根駅伝では、2020年までは往路、復路を合わせて100万人を超える観客が沿道に駆けつけていました。主催の関東学生陸上競技連盟から応援自粛要請が出ていたコロナ禍を経て、24年の第100回大会では98万人まで回復しました（主催者発表）。

　大勢の観客がいて、大学ののぼりが揚がり、応援団や新聞部の学生が来てくれる。これは、なかなか経験できないことであり、選手としてはとてもありがたいです。静かなほうが走りやすい、観客が多いと緊張してしまう、などという選手がいるかもしれませんが、「見られてなんぼ」の世界に身を置いているのがアスリートです。沿道に観客がいると、景色が変わるし、雰囲気も変わります。**選手の最高のパフォーマンスを引き出してくれるのは、観客なのです。**

　私の経験から言えば、観客からの声援は聞こえていましたが、走っているときは言葉というより、音で楽しんでいました。もちろん、観客すべてが自分を応援してくれるわけではありません。沿道からの声は、ときに自分が求めているものとは異なります。応援しているチーム以外が先頭を走っていれば、嫌味を言う人もいる。私はそういう声が耳に入ったら、負け惜しみだと思うことにして、自分の走りに集中しました。学生時代の私はよく、「もっとゆっくり走れ」などと野次を飛ばされたものです。

　大事なのは、ファンが選手、チームをリスペクトして、応援し続けることです。ファンは自分が好きな選手、チームを応援するのみ。ほかの選手やチームをおとしめるような発言があってはなりません。以前ならばある程度、限られた選手、チームにファンが偏っていましたが、近年は幅広く熱心なファンがついています。

　大学駅伝好きな人たちのＳＮＳでの交流も盛んです。ときには、違う選手、チームを応援する人がＳＮＳ上で喧嘩している書き込みも見受けられますが、ファン同士もリスペクトし合うようになってほしいものです。

 最高のパフォーマンスを引き出してくれるのは観客。ファンは好きな選手、チームをリスペクトして応援し続けるのみである。

試合への不安

ネガティブシンキング
不安でも何もせず、覚悟が決まらないまま試合に臨む

神シンキング
不安だから練習する。実行することが生きる活力になる

誰もが、試合の前には少なからず不安な気持ちを抱えています。「負けたらどうしよう」、「途中で止まってしまったらどうしよう」という不安は、アスリートには付き物です。そこは、覚悟を決めるしかありません。

　選手は不安だから練習する。不安に打ち勝つために準備をするのです。私は箱根駅伝を４年連続で走りましたが、やはりレース前は不安でした。特に２年生と３年生のときは、前年の自分を超えられるのか、という不安と戦っていました。ですが、自分が１年間やってきたことを思い出し、「主要大会で成績を残すことができた」、「自己ベストが向上している」、「自分のパフォーマンスが上がってきたから大丈夫だ」と強い気持ちで、行けると思って臨みました。試合のために準備をしてきたのだから、せめて当日だけはポジティブな気持ちで向かっていくべきです。**不安だから何もしない、というのが一番良くありません。**私は唯一、４年目だけはまったく不安がありませんでした。調子が良かったし、自分のなかでの過去最高の状態で迎えられました。酒井俊幸監督から、練習をやりすぎないように注意されたくらいでしたが、それだけの状態に仕上げることができたのは、しっかりと準備ができたからです。

　もちろん、練習を頑張ったからといって、**不安がすべて解消されるわけではありません。勝負には、相手がいるからです。ただ、自分はここまで準備をしてきたのだ、というマインドを持つことが大事です。**相手を意識することも必要ではありますが、まずは自分と向き合うこと。自分が万全の状態で臨んで負けたのなら、それは仕方ないのです。

　スポーツに限らず、テスト勉強などにも言えることです。付け焼き刃は良くないと思われがちですが、何もしないよりは断然良いと思います。前日だけ徹夜で勉強してもいいでしょう。とりあえずやってみる。**実行することが生きる活力になるのです。**

 POINT　実行することが活力になる。準備しても不安はすべて解消されないが、しっかり準備をしてきたというマインドを持つのが大事。

追う展開

ネガティブシンキング
プラン通りのレースをしようとして考えすぎてしまう

神シンキング
追う展開はシンプルな思考でいい。プランを立てず、前に行くしかない

駅伝の場合、2区以降の選手は追う展開、追われる展開のどちらかに分かれます。私は追うほうが好きでした。**追う展開は、基本的に前に行くしかありません。考えすぎることなく、シンプルな思考で走ることができるので、楽だと思います。**

　学生時代の私は追う展開でタスキをもらうことが多く、特に箱根駅伝の5区では、1年生から3年生まで先頭と離れた位置から追う展開でした。先頭との差は1年時が4分58秒、2年時が4分26秒、3年時が2分54秒と大差だったので、何も考えずにひたすら前を追いました。追いつけるかどうか、ではなく、追うしかなかったのです。

　私はいつも、オーバーペースにならないように、そして良いリズムをつくるために、最初の1㎞だけ気をつけていました。プランを立ててしまうと、そのペースから少しでも遅れた瞬間に、自分の調子が悪いと感じてしまいます。もちろん私もレース前には目標タイムを決めましたが、スタートすれば関係ないと思っていました。

　1年生のときには、9位でタスキをもらいました。何キロあたりで誰を抜いたのか、正直言ってほとんど覚えていません。ただ、18㎞過ぎの芦ノ湯で、1位の早稲田大が見えた瞬間に我に返りました。先頭まで行きたい、行くしかないという気持ちを持ちながらも、残りが5㎞しかない、終盤は自分が苦手な下りだと思うと、焦りが出てきました。最終的には往路優勝することができましたが、早稲田大の三輪真之さんは、19㎞で追いついてからもほかの誰よりも粘って、なかなか離れてくれませんでした。ライバルとして競り合った三輪さんとのSNSでの交流は、あれから15年が過ぎた現在も続いており、当時のことをよく話しています。

　最後は勝負勘、嗅覚です。プランどおりにレースができたら最高ですが、その日によって気象条件も違うし、レースは対人です。**プランどおりに走ろうとして考えすぎるよりも、どこから勝機を見出すのかが大事です。駅伝は即断、即決、アジャスト能力です。**

> **POINT** レースプランを先に立てると、そのとおりに動こうと考えすぎてしまう。駅伝は即断、即決、なるべくシンプルに走る。

追われる展開

ネガティブシンキング

いったん追いつかせるのか、逃げるのか、戦略を中途半端にする

神シンキング

考えるべきことは多いが、早い段階での決断が結果を左右する

駅伝で追われる展開は、追う展開に比べて思考を張り巡らせないとなりません。後ろのチームが何秒差で追ってきているのか、何秒差をつければ次の走者が楽に走れるのか、勝つためには何秒くらい引き離せばいいのか。**人に追われる、時間に追われるのは、それだけ考えるべきことが増えます。**

私は追いかけられた経験は少ないですが、印象に残っているのは大学１年生だった2008年の全日本大学駅伝２区です。１位でタスキをもらい、宇賀地強さん（当時・駒澤大３年）、竹澤健介さん（当時・早稲田大４年）、木原真佐人さん（当時・中央学院大４年）ら、学生トップレベルの選手たちに追われる展開になりました。追いつかれたらどうしよう、と思いながら走っていて、とても疲れたことを覚えています。

３年時の全日本大学駅伝２区も１位でタスキを受け、46秒後方から当時・早稲田大の１年生だった大迫傑選手が追ってくる展開でした。あのときの私は調子が悪かったので、追いつかれても仕方ないと思いました。結局、逃げ切ることができましたが、追いつかれてもチームのシード権獲得のためには離されるわけにはいかない。１秒でも、１kmでも先まで逃げて、最小限の差で切り抜けよう、などと考えながら走るのは大変でした。

後ろの選手をいったん追いつかせ、タイミングを見計らって引き離すのか、追いつかせずに一気に逃げるのか。早い段階で決断することが、最終的な結果に大きく影響します。戦略を中途半端にするのは良くありません。24年の箱根駅伝では、３区から４区にタスキが渡るとき、１位の青山学院大と２位の駒澤大の差はわずか４秒でした。秒差で追われるのは難しいです。青山学院大の４区・佐藤一世選手は、駒澤大を一度追いつかせて、しばらく一緒に走ることもできたでしょうが、そうはせず一気に離しました。５区にタスキが渡ったときには、１分26秒差まで開いていました。追いつかせなかった佐藤選手の決断が、青山学院大の優勝を引き寄せたのです。

POINT　後ろの選手を一度追いつかせるのか、一気に逃げるのか。追われる展開は考えることが多いが、早い段階で戦略を決断する。

ブレーキ、ペースダウン

ネガティブシンキング
責任を感じるだけで、原因を探らない。主観的に終わらせる

神シンキング

ブレーキするとすべてを否定したくなるが、失敗から得るものもある

「ブレーキ」とは、想定を大きく下回る走りをして順位を落としたり、区間順位が下位にとどまったり、チームの流れを止めてしまったりすることを表す駅伝用語の1つです。どこからがブレーキなのか、明確な基準がないのが難しいところですが、駅伝を走ったことのある選手なら、ブレーキをしてしまった経験があるかもしれません。ブレーキとは言わないまでも、ちょっとした失速ならば思い浮かぶ選手は多いでしょう。

　ブレーキが起きる要因はいくつか考えられます。調子が良かったのに、緊張などから思うような走りができなかった場合もあれば、レース中に体に異変が起こった場合もあります。体調不良やケガ明けで万全な状態ではなかったのに、監督が起用した、あるいはチーム事情から走らざるを得なかったのなら、ある程度は予想できたブレーキとも言えます。いずれにせよ、ブレーキをした選手は、チームに対して強く責任を感じてしまいます。

　私にもブレーキの経験はあります。社会人3年目の2015年1月の全国都道府県対抗男子駅伝で、3区を走って区間23位に終わり、6つ順位を落としました。千葉県の入賞が懸かっていたので、非常に責任を感じました。私ならブレーキの原因を探りますが、そもそもブレーキをしそうな日には体調が悪い、体が重いなど、何となく前兆があるものです。**ブレーキをしてしまったという主観で終わらせるのではなく、ピーキングが合わなかったのか、練習が良くなかったのか、原因を客観視することが大切です。**

ブレーキをすると、自分のやってきたことを否定したくなりますが、失敗から得るものもあるので、すべてを否定しないほうがいいと思います。足りなかった部分を改善しながらも、良かった部分に目を向けていくべきです。 ブレーキをした選手はセンシティブです。監督がその選手の性格を把握したうえで的確な声掛けをし、ケアをしていくことも、次の試合に向けて立ち直ることにつながっていくのです。

 | ブレーキしてしまったのなら、客観視して原因を探る。足りなかった部分を改善しながら、良かった部分にも目を向けていく。

20

最長区間

ネガティブシンキング
距離が長いのを不公平だと感じたり、相手を見て不安になったりする

神シンキング
成長できる場所。自分への期待の表れだととらえ、自身を評価する

トラック種目のリレー（メドレーリレーを除く）は、4人が同じ距離を走ってバトンをつなぎますが、駅伝はほとんどの大会で各区間の距離が異なります。距離が短い区間には、スピードランナーや、下級生など駅伝の経験が少ない選手、ケガ明けの選手らが起用される傾向にあります。一方で距離が長い区間には、スタミナ型のランナーを配置することもありますが、たいていは主力級を起用して勝負に出ます。

私も学生時代には、箱根駅伝の5区をはじめ、最長区間を経験しました。大会によっては、最短区間と最長区間とでは倍以上の差があります。距離が長い区間を任されることが多かった私は、正直言って不公平だと感じたことがありますし、距離が短い区間を走る選手をうらやましく思ったこともありました。

ですが、**最長区間に起用されるのは、監督やチームメイトからの期待の表れです**。この選手ならやってくれる、と判断されたから任されたのです。最長区間には強い選手が集まるので、不安を感じることもあるでしょうが、それでネガティブにならないこと。しっかり練習できたと、監督が太鼓判を押してくれたととらえ、自分がチーム内で一番強いのだという気持ちで臨んでほしいと思います。**最長区間やエース区間は、選手にとって成長できる場所です**。走ってみないと得られないものが必ずあるし、最長区間で戦うことが将来的には自信につながるはずです。結果が出なかったときには、つらい思いをするかもしれません。でもその分、**人生経験が豊かになると思います**。

駅伝だけでなく、社会に当てはめても同じことが言えます。最長区間は、企業で言うところの主要部署です。重要な仕事を任されたときにはプレッシャーを感じるでしょうが、それだけ自分の仕事ぶりが評価されたと自負していいのです。努力を重ねてきた成果でもあるので、自分自身を評価し、誇りを持って仕事をしてほしい。そうすれば、その先の道も開けてくるはずです。

> **POINT** 最長区間に起用されるのは、期待の表れである。成長できる場所であり、人生経験が豊かになり、将来的な自信につながる。

エース

ネガティブシンキング
頑張りが評価されにくい、不遇のポジションである

神シンキング
エースとしての経験は、社会に出てから役立つ場面が必ずある

「エース」と呼ばれることは光栄ではありますが、エースとは何とも不遇なポジションだと思います。良い成績を残すのが当たり前だと思われる。**常に高いパフォーマンスを発揮することを求められる。それなのに、意外と頑張りが評価されにくい。注目はされても、称賛されることはあまり多くないと言えます。**私は高校、大学と、エースと呼ばれるポジションにいました。特に大学時代は、チームを代表してメディアから取材を受ける機会が多くありました。同期たちからは、よくうらやましがられたものですが、私にとってはエースの特権だとは感じませんでした。

エース区間を任されると、当然ながら各校のエースと戦うことになります。強力な留学生もいますし、区間賞を取るのは簡単ではありません。エース区間でどんなに素晴らしい走りを見せても、区間2位は区間2位の扱いしか受けない。日本人トップでも、区間賞を取らなければ表彰されることはありません。でも、距離が短い区間やつなぎの区間で区間賞を取れば、もちろん表彰されます。

私は箱根駅伝こそ、4年連続で区間賞を取ることができましたが、1区を3回走った出雲駅伝では一度も区間賞を取っていません。区間賞はいずれも留学生が取りました。同期の田中貴章は、学生三大駅伝と呼ばれる出雲駅伝、全日本大学駅伝、箱根駅伝のすべてで、一度は区間賞を獲得しています。私が取材を受けるたびに、田中は「またお前だけが取材されるのか」と悔しがっていましたが、田中が表彰されているのに、私が表彰されない大会もあったのです。エースはもっと称賛されてもいいのに……。そうでないと、割に合いません。

とはいえ、エース区間を任されるのは、期待されている証拠です。常に結果を求められるプレッシャーはありますが、社会人になったら、もっと大きなプレッシャーが懸かる場面が必ず訪れます。**私も社会に出て、理不尽なことがあったときの向き合い方など、エースとして戦った経験が生きています。**

POINT　注目はされても、称賛されることが少ない不遇のポジションだが、エースとして戦った経験は社会に出てから役に立つ。

22

アンカー

ネガティブシンキング
チームのすべてを決める役割だという責任感を持たない

神シンキング
背負うものが最も大きい区間。監督は信頼の置ける選手を起用する

駅伝のアンカーは、ゴールした順位がそのままチームの順位になる、チームのすべてを決める重要な区間です。**背負うものが最も大きい区間なので、それだけの覚悟を持って走らなくてはなりません。**

学生三大駅伝で言えば、出雲駅伝と全日本大学駅伝はアンカーが最も距離が長いので、エース級が起用されることが多いです。箱根駅伝の場合、エース級は2区をはじめ往路の前半区間を走るので、アンカー、すなわち復路の10区にチームのトップクラスが起用されることはありません。ただ、10区は23.0kmと3番目に距離が長く、真冬とはいえ気温が上がる時間帯に走るので、アクシデントが起こりやすく、重要な区間と位置づけられています。各駅伝でアンカーに誰を起用するのか、悩む監督も実は多いと思います。

どの監督にも共通しているのは、責任感のある選手、信頼できる選手に任せたい、という考えでしょう。少なくともチームで3本の指に入るくらい、頼りになる選手を起用するはずです。どの駅伝でも、どのチームでも、信頼されていない選手は絶対にアンカーには起用されません。

1つの目安として、常に安定した成績を残している選手は、冷静さなど、性格も含めてアンカーに向いていると思います。私の在学中の東洋大では、1学年先輩の大津翔吾さんが3年連続で全日本大学駅伝のアンカーを務めましたが、大津さんなら任せられるという絶対的な安心感がありました。

もう一つ、**将来的にエースになってほしい選手を、早いうちから責任感を持たせるために起用するケースもあります。**東洋大では2012年の全日本大学駅伝で、当時1年生だった服部勇馬選手をアンカーに起用しました。酒井俊幸監督が服部選手の将来を見据えての起用であり、それだけ期待が大きかったのです。1分7秒後ろから駒澤大に追いかけられる展開は、大変な重圧だったでしょう。結局は逆転を許しましたが、重みを背負った経験が服部選手を男にして、将来的にオリンピック代表まで上りつめることができたのです。

> **POINT** 責任感のある選手、信頼できる選手が起用される。背負うものが大きい区間なので、覚悟を持って走らなくてはならない。

体調

ネガティブシンキング

体調が悪い日や体が重い日に、その理由を考えずに練習量を減らす

神シンキング

体調が悪い日があって当然。長い目で見て「こんな日もある」と考える

日々練習するなかで、**体調が悪い日や体が重い日があって当然です**。体調の良し悪しを１日ごとに見ていくのではなく、**長い目で見て「まあ、こんな日もあるよね」と気楽に考えるのがいいでしょう**。

　私が心掛けていたのは、自分の体調に合わせて練習への意識を変えないことでした。チームで練習するときには、１人の体調でメニューが決まったり、変更になったりはしません。体調が万全でない日でも、最大限の状態で、みんなと一緒に練習できるようにしていました。

　現状はベストコンディションに対して何パーセントくらいの状態なのか、自分のなかで把握しておきます。特に試合前は不安になるものですが、今はそういう時期なのだと考えるようにします。疲労が抜けて、調整をしたらここまで上がっていくだろう、という見通しを立てておくことが大切です。そうすれば、試合前の調整段階でだんだん体が軽くなっていくことを実感したときに、モチベーションが上がります。私も体が重い日に、「今日このくらい走れたのだから、これから軽くなればもっと動く」と前向きにとらえていました。

　体調が悪い日や体が重い日には、理由があるはずです。それをあやふやにしたまま、ジョグの距離を短くしたり、練習量を落としたりすることは良くありません。無理に練習しなくてもいいし、練習量を落とすこと自体は構いませんが、**そうすればどの程度、体の状態を戻すことができるのか、翌日の回復状況まで考えながら判断することが必要です**。

　アスリートは、体調について鈍感になってはいけません。私は実業団時代、自分の体に鈍感だったことが原因でアキレス腱を痛めたことがありました。マラソン練習の際に、とにかく量をこなさなければいけないと焦って、メリハリをつけた練習をしなかったのです。体調や脚の状態を考えながら、自分自身で練習の強度を調整することが大切なのだと、そのときに痛感しました。

POINT 体調が悪い日もあって当然。まずは理由を考え、どんな練習をすれば状態が戻るのか、翌日の回復状況まで考えて動く。

大学駅伝にまつわる「60」のワード
第2章：レース編

24

痛み、故障

ネガティブシンキング
痛みや不安を隠し、周囲とのコミュニケーションが疎かになってしまう

神シンキング
新たなことに挑戦する時間。周囲の人に意見をもらえる良い機会である

故障などによる体の痛みは、アスリートにとって一番の悩みです。私は実業団時代、マラソン練習が良い感じに進んでいた時期に、ある朝起きたら突然、アキレス腱が腫れていたことがありました。それから5〜6カ月間も走れなくなり、監督やコーチに当たり散らし、チームメイトとも距離を置きました。チームの雰囲気が悪くなるので、絶対にやってはいけないことでしたが……。練習できる選手をうらやましく思う気持ちが出てしまうのは、仕方がないこと。それを打ち消すように、違うことに取り組むべきです。**治療やリハビリをしたうえで、新たなことに挑戦する時間だととらえるのがいいでしょう。**

　私の場合は、人との会話でした。長距離以外の種目の選手に意見をもらったり、他業種の人からヒントを得たりするために、食事会にも顔を出すようにしました。2008年北京オリンピックの4×100mリレーの銀メダリストで、同じ会社の先輩である高平慎士さん、塚原直貴さんには、特に助けてもらいました。短距離部員と一緒にメディシンボールなどで体を動かすと、筋肉痛も心地よく感じたものです。ケガをしていた時期に仲良くなった方々には、自分をさらけ出すことができたし、今でも親しくしています。**ケガをすると気持ちがネガティブになって、人との会話が減りますが、痛みや苦しみを共有することで前向きになれると思います。**

　痛みや不安な気持ちは、つい隠してしまいがちです。隠すのは良くないですが、チームの輪を乱さないために隠さざるを得ないときも出てくるでしょう。ですが、**隠すと自然と口数が減り、周囲とのコミュニケーションが疎かになっていきます。**監督やチームメイトに意見をもらえる良い機会ととらえ、不安な気持ちをさらけ出してみると良いと思います。仕事においても同じです。困ったことがあるのなら、上司や同僚に相談するのが一番早い解決方法です。不安や苦労を抱え込まず、思い切って話してみる。課題の解決策は、ほかの人が持っていると考えましょう。

> **POINT** ケガをしている間は新たなことに挑戦できる。痛みや不安は隠してしまいがちだが、周囲に話すことで前向きになれる。

第1章　箱根駅伝編
第2章　レース編
第3章　トレーニング編
第4章　生活編

目標

ネガティブシンキング

「活躍したい」、「有名になりたい」といった漠然とした希望を描く

神シンキング

自分のビジョンを明確にすることで、モチベーションが上がる

大学駅伝の選手たちを取材する立場になったいま、「活躍したい」とか「有名になりたい」といった、漠然とした目標を口にする選手が意外と多いと感じています。活躍したいのなら、自分が活躍する姿を具体的にイメージすべきです。ビジョンを明確にすることで、モチベーションが高まります。

2016年リオ、21年東京、24年パリと、3大会連続でオリンピックに出場した大迫傑選手は、多くの後輩ランナーの憧れの存在になっていますが、「自分はこうなりたい、こうなるのだ」というビジョンが実にはっきりしています。オリンピックではどのくらいのタイムで走れば入賞できるのか、それを考えて仕上げていくなど、アプローチが明確でした。ビジネスに関しても同じです。常に、自分自身を客観視できる人だと感じます。

高校生ならば、「インターハイに出たい」、「都大路を走りたい」といった目標を立てるでしょう。もう少し上のレベルになると、「インターハイで入賞したい」、「都大路で区間賞を取りたい」と考えるようになります。具体的な目標を描くことが練習を頑張る活力になるし、たとえ届かなかったとしても、やり切ったという達成感を得ることができるのです。

私は遠い未来を描けないタイプなので、近い目標を立てていました。高校時代にはインターハイ出場を目指していましたが、叶わなかったので、そこからはすべての主要駅伝で区間賞を取りたいと考えました。しらかわ駅伝、福島県高校駅伝、東北高校駅伝、全国都道府県対抗男子駅伝の4つで区間賞を取ることが私の活力になり、有言実行することができました。

選手ですからやる気が出ない日、練習したくない日もあります。そんなとき、明確な目標がある選手ほど、危機感を抱くはずです。手を抜いたらAチームから落ちてしまう、この練習をこなさなければ次のレースを走れない。目標を達成できないかもしれないという危機感が、自分を奮い立たせることにつながるのです。

> **POINT** 漠然とした目標ではなく、自分が活躍する姿を具体的にイメージし、ビジョンを明確にすることで、モチベーションが高まる。

ライバル

ネガティブシンキング
ライバルを気にしすぎて、自分のやるべきことを見失う

神シンキング

ほかの選手が気になるのは仕方ない。対峙したときのことを考える

スポーツは相手がいるものなので、相手が気になってしまうのは仕方がないことです。ライバルを気にするあまり、自分がやるべきことを見失わなければいいのです。
「ライバルは自分自身です」と話す選手もよくいますが、私はほかの選手を意識するほうでした。大学４年生の秋には、学生トップレベルの実力者だった当時・東海大３年の村澤明伸選手が、箱根駅伝で私と同じ５区を走るかもしれないという噂が流れ、私たちの対決に注目する報道が過熱しました。その話を聞いた私は、村澤選手との勝負を楽しみにしていた一方で、正直言って不安もあり、いろいろな感情が入り混じっていました。結局は実現しませんでしたが、私は秋以降、箱根駅伝までの約２カ月は、村澤選手と戦っても負けないだけの準備をするようにしました。

　陸上競技では、ほかの選手が良い記録を出すと気になるものです。私の学生時代でいえば、ライバルの駒澤大の選手たちが、私たちが出場していないレースで良いタイムを出したときには特に注視していました。常に記録がついてくる競技なので、良い記録を出せば評価されますが、勝負は人と人との戦いです。私たちは、駒澤大の選手たちと一緒に走ったら負けない、という気持ちでいました。**ライバルの存在を気にしても、対峙したときに自分の力を発揮できればいいのです。**

　2022年度は駒澤大が出雲駅伝、全日本大学駅伝、箱根駅伝を制し、学生駅伝三冠を成し遂げました。駒澤大は23年度も出雲と全日本で優勝し、２年連続三冠に王手を掛けました。ところが３戦目の箱根駅伝は、青山学院大が大会新記録で圧勝しました。

　駒澤大は史上初の偉業を意識しすぎて、自分たちに負けたのだと思います。対する青山学院大は、駒澤大の強さを認識しながらも、優勝するために必要なことを見失わなかったのです。シンプルに、**やるべきことをやり続ける、考え続けることが一番**だと証明してくれました。

 POINT ライバルが気になるのは仕方ない。対峙したときに力を発揮できるように、自分がやるべきことをやり続ければよい。

優勝、連覇

ネガティブシンキング

良いチームをつくったからおしまいにして、停滞してしまう

神シンキング

優勝とは最高の目標である。そこにどう付加価値をつけていくか

優勝することは、最高の目標です。その最高の目標を達成するためには、付加価値をつけていくことがモチベーションになります。

例えば私が大学2年生のときには、箱根駅伝の連覇という目標がありましたが、酒井俊幸監督の就任1年目で、どうしても監督を勝たせたいという思いがチーム全体にありました。それが、ここで言う付加価値です。

酒井監督は福島の学法石川高の教員を退職し、母校の監督に着任しました。部員の不祥事があって前監督が退任し、監督不在になったからです。酒井監督を慕って学法石川高に入学した選手も多く、「裏切られた」という声もあったそうです。私も福島県人なので、そういう情報は耳に入っていました。しかし、酒井監督は断腸の思いで大学に来ました。そのことは、いわき総合高の恩師である佐藤修一先生からも、懇々と聞かされていました。だからこそ、私たちは絶対に勝たないといけない、という気持ちでした。

反対に大学3年の箱根駅伝では、早稲田大に大会史上最少の21秒差で敗れて2位になりました。2連覇した後で、気の緩みがあったのは明らかでした。そして負けた悔しさを持ち続けて、「もう一度、優勝しよう」とみんなが努力を重ねた翌年は、2位の駒澤大に9分02秒の大差をつけて王座を奪還することができました。**優勝する、特に連覇するには、いっそうの付加価値が必要だと思います。良いチームをつくったからおしまい、ではないのです。それではいつまで経っても現状維持で、停滞するだけです。**

箱根駅伝の常勝チームとなった青山学院大は、原晋監督がメディアに登場する機会が非常に多く、学生たちもテレビ番組に出演することがあります。それに対し、良い印象を持っていない人もいるかもしれませんが、アスリートとして、目立つことは何も悪いことではないと私は考えます。原監督はメディアへの露出を含めて、「優勝するとこんなに良いことがあるのだ」と学生たちに言い続けていますが、それも勝つための付加価値になるのだと思います。

POINT 最高の目標である優勝を手に入れるには、付加価値をつけることがモチベーションになる。停滞させなければ、連覇もできる。

区間賞、区間新

ネガティブシンキング
レースプランから外れた瞬間に体が動かなくなり、区間賞を逃す

良い記録を出すにはリスクヘッジは必要だが、プランニングは必要ない

学生たちに取材をしていると、「区間新を出すにはどうしたらいいですか？」と聞かれることがあります。箱根駅伝の5区で区間記録を出した経験のある私に、攻略法を聞いてくるのです。しかし、区間新を出すためにどうすべきか、と考えて走ることはお勧めできません。**区間新や区間賞を取れない選手の特徴として、レースプランを考えすぎてしまうことが挙げられます。**自分の想定していた展開でタスキをもらえることなど、滅多にありません。想定より悪い場合がほとんどです。先に良いイメージをつくってしまうと、想定から外れたときに体が動かなくなるので、悪かった場合のイメージを持っておくといいでしょう。**リスクヘッジが重要で、プランニングは必要ありません。シンプルに、1年間で自分がどれだけ強くなったのかを発揮する場であるととらえてほしいと思います。**

箱根駅伝の5区と6区は山上り、山下りの特殊区間で、経験も大切なポイントになることから、何度か続けて走る選手が多くいます。普通に考えれば、2度目、3度目と経験を重ねていくうちにタイムは上がるはずですが、前年より落としてしまう選手も少なくありません。例えば、区間記録ペースと比べてラップタイムはどうなのかを気にしながら走るなど、記録を出すためのプランを考えている選手ほど、そういう傾向にあります。

2024年の5区で区間新記録を目指していたある選手は、想定より後方でタスキをもらったことでリズムが崩れてしまい、本来の力を出し切ることができませんでした。

一方で、2年続けて区間記録を更新した山本唯翔選手（当時・城西大4年）は、自身が1年間積み重ねてきたものを出し切ろうという、シンプルな思考で走っているように見受けられました。区間記録を狙ってはいても、気にしすぎてはいませんでした。タスキをもらったときは3位で、2位のチームと2分以上も離れている難しい展開でしたが、淡々と前を追い続けたことが区間新記録につながったのでしょう。

POINT シンプルに、1年間で自分がどれだけ強くなったのかを発揮する場である。リスクヘッジが重要で、プランニングは必要ない。

大学駅伝にまつわる「60」のワード
第2章：レース編

関東インカレ

ネガティブシンキング
チーム戦であることを忘れ、利己的な感情でレースに臨む

神シンキング
ポイントを取るための戦略を練る。タイムより順位を取りに行く

関東インカレ（正式名称：関東学生陸上競技対校選手権大会）は、毎年5月に開催される対校戦です。1919年に始まり、2024年には103回目を迎えた歴史のある大会で、関東地区の学生にとっては前期の大一番と位置づけられています。スタンドでは各大学の応援合戦が繰り広げられ、トラック、フィールドに立つ選手たちを後押しします。関東インカレの雰囲気は、どの大会にもない独特のもので、だからこそ選手たちの思い入れが強いのかもしれません。

　各種目には標準記録が設けられており、それを突破した選手のなかから、各校最大3人が出場できます。男子は16校が1部、そのほかの大学は2部、大学院生はすべて3部となっています。1部校は短距離、長距離、競歩、フィールド種目に選手がいるような、いわゆる陸上競技の強豪校が中心で、駅伝の強豪校には2部校も多いです。1部の下位2校と、2部の上位2校が1年ごとに入れ替わることになっており、1部残留争い、昇格争いも熾烈です。

　対校戦ですから、チームのために1点でも多くポイントを取ることが最重要です。もちろん個人の目標もありますが、それ以上に順位を取りに行くことが大切で、レースプランを含め、確実に、1点でも取るための戦略を練る必要があります。チームで戦うことが大前提なので、良いタイムを出すことだけを考えるなど、利己的な感情でレースに臨んではいけません。

　私は幸いにして4年間、1部で走ることができ、2部落ちの危機にさらされることもありませんでした。1～3年時は5000mと10000mの2種目、4年時は10000mのみ出場しました。1年目に10000mで日本人トップを取ったこともあり、2年目からは負けられないプレッシャーを感じました。

　あまり注目されていませんが、10000mでは4年連続で3位以内に入り、表彰台に上っています。私の競技生活で最もうれしかったことであり、誇れることです。もう少し、評価されてもいいのに……と、いつも思っています。

POINT 対校戦は、1点でも多く取ることが最重要。個人の目標を優先せず、よりポイントを取るにはどうすれば良いか、戦略を練る。

077

出雲駅伝

ネガティブシンキング

三大駅伝初戦の緊張感から、失敗を恐れて消極的になる

 神シンキング

次回のシード権はない。失敗しても挽回できるし、新たな挑戦もできる

島根県を舞台に行われる出雲駅伝（正式名称：出雲全日本大学選抜駅伝競走）は、毎年10月の第2月曜日、「スポーツの日（旧・体育の日）」に開催されます。関東の大学10校をはじめ、各地区を代表する大学が出場する全国規模の駅伝です。平成の始まりと共に大会が創設され、1989年の第1回大会から、2024年で36回目を迎えました。1994年の6回大会から現行の名称に変更され、2008年の20回大会からは正式略称が「出雲駅伝」となりました。現在は、6区間45.1㎞で争われています。

　今では11月の全日本大学駅伝、1月の箱根駅伝と合わせて学生三大駅伝と呼ばれており、出雲駅伝はその開幕戦となっています。出雲駅伝を迎えると、私は秋が始まったという高揚感が高まります。選手たちにとっては、いよいよ駅伝シーズンが始まるのだというワクワク感がありますし、私は毎年、出雲駅伝を楽しみにしていました。

　ただ、世間的には箱根駅伝ほどの盛り上がりはなく、祝日の昼過ぎにも関わらず、テレビ放送の視聴率は箱根駅伝ほど高くないのが現実です。当事者のテンションと、世間の感覚にギャップがあるのが、何とも残念だと思います。

　出雲駅伝と、ほかの2つの駅伝との大きな違いは、次回のシード権がないことです。初戦ですから、各校ともまだ手探りの部分はありますが、「何位までに入らなければ」というシード権争いがない分、新たな挑戦もできます。失敗しても挽回できるのですから、失敗を恐れて消極的になる必要はありません。**指導者は起用したい新戦力がいれば、どんどん起用していいし、選手は初戦の緊張感や雰囲気を受け入れたうえで、積極的に走ってほしいと思います。**夏の間で自分にどれだけ力がついたのか、確認する良い機会です。

　出雲駅伝は距離が短く、レース展開が激しく変化することが特徴です。ファンや視聴者の皆さんには、2時間強のスピード駅伝を楽しんでほしいと思います。

> **POINT** 次回のシード権がないので、新戦力を起用したり、思い切ったレースをしたりできる。失敗を恐れないことが大切である。

全日本大学駅伝

ネガティブシンキング
走れるだけで満足して、少しでも長い距離の区間を走りたいと思わない

神シンキング

1人でも多くの選手が、エース区間を奪いに行く気概を持つとよい

全日本大学駅伝（正式名称：全日本大学駅伝対校選手権大会）は、毎年11月初旬に開催されます。愛知県名古屋市の熱田神宮西門前をスタートして、三重県伊勢市の伊勢神宮内宮宇治橋前まで、8区間106.8kmで争われています。第1回大会は1970年3月1日で、翌年からは1月に行われていましたが、88年の20回大会から開催時期が11月に変更されました。2024年には、56回目を迎えました。学生三大駅伝の2戦目で、初戦の出雲駅伝に比べると区間数が増え、距離が延び、出場校もオープン参加の2チームを含めて27チームと多い。その名のとおり、駅伝日本一を決める大会です。

　2001年の33回大会でシード制が導入され、前年の6位までの大学にシード権が与えられました。18年の50回大会からは、8位までに拡大されています。シード権を獲得できなかった大学は、翌年の地区選考会にまわります。どの地区も暑い時期に選考会が行われ、失敗できないレースになるので、できればシード権を獲得したい。出雲駅伝以上に、緊張感が高いといえるでしょう。

　出雲駅伝では経験を積ませるために新戦力を起用した大学も、よりベストメンバーに近い布陣で臨みます。夏の間に万全ではなく、出雲駅伝を回避した主力選手が、全日本大学駅伝から登場してくることもあります。また、夏の間に頑張りすぎて疲労が出てしまい、出雲駅伝に調子を合わせられず、全日本大学駅伝から投入される選手もいます。新戦力が出てきたら、夏合宿で成長した選手だと思ってください。泥臭く努力してきたことが実を結んだと思ってレースを見ると、より感情移入できるのではないでしょうか。

　選手にとって大切なことは、走れるだけで満足しないこと。駅伝において適材適所が大事ですし、1区は重要な区間ですから、1区に魅力を感じている選手、得意な選手もいます。でも、全日本大学駅伝の1区は現在、最も距離が短い9.5kmです。長距離区間を走れなかったことを悔しがってほしい。**エース区間を奪いに行くくらいの気概を持った選手が増えれば、チームが活性化するはずです。**

POINT シード権争いがあり、出雲駅伝以上に各大学がベストメンバーをそろえ、緊張感が高まる。走れるだけで満足しないようにする。

メンバー変更

ネガティブシンキング
急にメンバー変更されることを想定せず、準備をしない

神シンキング
16人全員がベストコンディションに持っていけるチームが強い

箱根駅伝は大会前、12月10日（第100回大会は12月11日）のチームエントリーで最大16人を登録、29日に区間エントリーを行います。区間エントリーの段階では最大6人が補欠登録で、往路、復路とも当日のレース開始1時間10分前にメンバー変更が行われます。交替は6人まで可能ですが、1日に変更できる選手は4人まで。変更は正競技者と補欠との交替のみで、正競技者間での区間変更は認められていません。まったく変更しないチームもありますが、多くのチームは最低でも1区間は変更しています。

　メンバー変更には、戦略的な変更もあります。区間エントリーの段階で他校に手の内を見せないでおいて、当日に変更する。他校の様子を見て判断する場合もあります。また、指導者が最後まで決めかねていたことも考えられます。2〜3人のなかから誰を起用するか悩み、当日の気象条件や他校の様子を見て決断します。

　戦略的な変更とは別に、体調不良や故障者が出た場合を想定して、主力選手やどの区間にも対応できるオールラウンダーを、あえて補欠に登録しておくこともあります。季節柄、体調が急変することもありますし、近年では新型コロナウイルスもあるので、当然の危機管理です。

　背景がどうであれ、変更された側の選手はつらいです。ただ、どんな場合でも**指導者は最後まで悩み、苦渋の決断をし、断腸の思いで選手に交替を告げます**。指導者は数カ月前からの練習内容を見直し、当日の気象条件も見て決めます。指導者側は、走れない選手を納得させるだけの材料を用意して、説明しているはずです。学内選考も含めて、勝負の世界です。変更された選手には、悔しさを持ち続けてほしいです。**大会直前になれば、走れない選手がある程度は分かってきますが、走れそうもないからといって準備しないのは良くありません**。当日変更で急きょ走ることを想定して準備しないと、焦って自分の走りができません。**強いチームは16人全員が走れる状態、ベストコンディションで大会を迎えています**。

 POINT　指導者は、悩み抜いてメンバーを決めている。当日変更も想定して、16人全員が走れる状態で大会を迎えるようにする。

33

サポートメンバーの存在

ネガティブシンキング

エントリーメンバーから外れた選手が、チームで戦う意識を持たない

神シンキング

大会前に、サポートメンバーがどれだけ盛り立てるかで変わってくる

箱根駅伝は12月10日（第100回大会は12月11日）のチームエントリーで、最大16人を登録します。16人のエントリーメンバーに入れなかった選手が、箱根駅伝本番を走ることはありません。

　特に4年生は、16人に入れなければ、大学での競技生活はほぼ終了です。卒業後に競技を続けない選手なら、陸上人生の終わりを迎えることになります。3年生以下も含め、メンバーに入れなかった選手はどうしても士気が下がりがちです。だからといって、チームの一員として共に戦う意識を持たず、16人のエントリーメンバーの足を引っ張るようなことは、最もやってはなりません。**12月10日以降、メンバー外の選手ができるのは、チームをサポートして盛り立てることです。サポートメンバーがいかに良い雰囲気をつくるかで、チーム全体が変わってきます。**

　12月にも記録会が多く行われます。サポートの選手がそこで自己記録を更新したり、良い記録を出したりすれば、エントリーメンバーに大いに刺激を与えることができます。サポートメンバーのなかには、自身の練習を継続しながら16人を支える選手も多いです。身の回りの世話をしたり、寮内やグラウンドの清掃をしたり、雑務をしたり……。サポートメンバーの存在がなかったら、チームが機能していかないのです。ただ、サポートしてくれることが当たり前ではありません。**エントリーメンバーが、支えてくれる選手たちへのリスペクトを忘れないことが大切です。**私は1年時から3年時まで、一学年上の鴛海辰矢さんにサポートしてもらい、箱根駅伝当日も付き添いをお願いしました。私にとってのベストサポーターが鴛海さんであり、とても感謝しています。そして、キャプテンを務めていた4年時には、サポートメンバーのありがたみを強く感じました。

　強いチームはサポートメンバーが盛り立てていますが、私たちが優勝したときの東洋大も、支えてくれた選手たちが良い雰囲気をつくってくれていました。

POINT サポートメンバーができるのは、チームを盛り立てること。16人のメンバーは、支えてくれる選手へのリスペクトを忘れない。

メンバー外

ネガティブシンキング

自分が外れたとき、メンバーの失敗を喜ぶ。チームの成功を祝福しない

神シンキング

外れたことを悔しがっても、チームが良い結果を出したら祝福する

私は大学4年間で、学生三大駅伝11大会に出場しました。唯一、走らなかったのが、3年時の出雲駅伝でした。この年の私が本調子でなかったのは確かですが、酒井俊幸監督からは「9月の能登合宿ですべてのメニューをこなしたら、メンバーに入れる」と言われていたのです。そのとおり、合宿ではすべてのメニューを消化しましたが、後になって「やはり出雲は起用しない」と言われました。それを聞いたときは怒りで震えましたし、「話が違う」と食い下がりました。理由としては、当時の状態で起用しても、私のためにならないこと、そして柏原頼みのチームから脱却するためにも、ほかの選手たちを走らせてみたい、ということが挙げられました。酒井監督から説明を受けても、私はしばらくの間、不貞腐れていました。でも、それでやる気をなくすのではなく、怒りをぶつけることでより一層、練習に向き合えたのが良かったと思いますし、次の全日本大学駅伝に向けて気合いが入りました。

　出雲駅伝の当日は、現地には行かずに大学で授業を受けていました。メンバーに頑張ってほしい気持ちはもちろんありましたが、一方で4位にとどまったことに複雑な感情を抱きました。やはり、自分が走らなければいけなかったのだ、と。

　ただ、駅伝後に補欠選手たちが出場する出雲市陸協記録会で、同期の田中貴章が5000mで14分02秒95の自己新記録で走ったことは、自分のことのようにうれしかったです。**自分がメンバーから外れたことはすごく悔しかったのですが、仲間の健闘は素直に祝福しました。**

　自分が外れたときに、チームの活躍を祝福できない選手、メンバーの誰かが失敗したら喜んでしまうような選手は、アスリートとしておしまいです。メンバー外の選手が最もすべきことは、悔しさを持ちながらも、チームが良い結果を残したら素直に祝福することです。そうすれば、メンバーに入った選手もうれしい気持ちになるし、チームが1つにまとまっていきます。

> **POINT** メンバーから外れた選手は、悔しさを持ちながらも、仲間の活躍を素直に祝福する。そうすることで、チームが一枚岩になる。

飛び出し、スパート

ネガティブシンキング
迷いながら、中途半端に飛び出して、後から追いつかれてしまう

スパートには決断が大事。躊躇せず、覚悟を持って一気に飛び出す

スパートをかける、集団から飛び出すときには、躊躇してはいけません。レース序盤でも、終盤でも、ここと決めたら行くしかないのです。**スパートが成功する選手に共通しているのは、決断力です。迷いながらスパートすると、たいていは失敗します。大切なのは、覚悟を持って一気に飛び出すこと。中途半端に飛び出すと、後から追いつかれてしまいます。**一度出てみて、様子をうかがう選手もいますが、その戦法は相手とよほど実力差がなければうまくいきません。一度スパートすると、思いのほか力を消耗するので、肝心な勝負どころで仕掛けられなくなります。気合いを入れすぎても、リードは長く続きません。スパートは動きを変えるのではなく、リズムを維持したまま、脚の回転速度を上げていくのがポイントです。

私は高校3年時の全国都道府県対抗男子駅伝で、福島県の1区を任されました。福島県選手団の監督からは、入りの1kmだけ落ち着いていくように指示されたので、1kmは指示どおりに入って、3kmで集団から抜け出しました。私に迷いはありませんでした。1区の最有力候補は、兵庫県の八木勇樹さん（当時・西脇工業高校3年）でした。八木さんはトラックのレースでは、ラスト1周（400m）で60秒を切ってくると聞いていました。八木さんのスピードからすれば、私が勝つには残り1km地点で10秒弱のリードが必要だと考えました。ラスト勝負になったら、間違いなく負ける。その前に勝負を決めたいと思って決断しました。結果的に、2位に上がってきた八木さんから9秒差で逃げ切って、目標だった区間賞を取ることができました。

大学1年時の関東インカレ10000mでは、当時・駒澤大3年の宇賀地強さん、深津卓也さん、星創太さんら、学生トップランナーとの勝負になりました。普通にいけば、当時の私では勝てない相手です。それなら、ラスト勝負になる前に出てやろうと、自然体でスパートして、最終的に日本人トップを取ることができました。振り返ると、良いレースができたときは、すべて即決していたのです。

> **POINT** スパートが成功する選手に共通しているのは決断力。迷いながら出ると後で追いつかれるので、覚悟を持って一気に飛び出す。

国際大会

ネガティブシンキング

海外に行ったときに、食などの文化の違いに対応できない

神シンキング

国際大会に出場すると、日本の大会が恵まれていることを理解できる

国際大会には、アンダーカテゴリーも含めて日本代表に選ばれなければ出場できない大会もありますが、それ以外の大会でも、**行けるのならできるだけ多く行ったほうがいいと思います。**

　海外に出ると、いろいろなことが起きます。私が初めて国際大会に出場したのは高校3年生の終わり、世界クロスカントリー選手権に日本代表として参加しました。一緒に行った選手のなかには、ロストバゲージで荷物を受け取れない人もいました。大学1年生の6月には、アジアジュニア選手権に日本代表として出場しました。開催地はインドネシアの首都・ジャカルタで、私には食文化や水が合わず、胃腸炎にかかってしまったのです。3〜4日間は寝込んで、治った日がレース当日でした。私にとっては、思い出したくない苦い経験です。

　社会人1年目にベルギーの大会に出場した際には、ウォーミングアップを行うサブトラックから、バスでメイン競技場に輸送されました。さらに、競技開始時刻が大幅に遅れたのです。**海外の大会は日本と異なる部分があまりに多く、度胸がつきます。**また、**食や競技場の環境、競技運営面など、日本がどれだけ恵まれているのかを理解できます。**海外経験が少ない選手は、急なトラブルが起こると、どうしても焦ってしまうので、少しでも動揺が軽減されるような対策を取るといいでしょう。ただし、日本食を持ち込みすぎるのも考え物です。遠征中に体調を崩す可能性が少ないという安心感はありますが、**せっかく行くのですから、少しは現地の食文化を楽しむのもいいと思います。**

　日本代表として挑んだ大学1年時の世界ジュニア選手権の10000mでは、世界との壁を痛感しました。7位に入賞できましたが、金メダルのケニア人選手は私より2分も速い27分30秒台でした。当時の私が自己ベストで走っても、1分14秒もやられてしまう。同世代でも、世界のトップはこんなにも速いのかと愕然としたことは、私の競技人生でも大きな経験でした。

POINT　国際大会には、できるだけ多く出場したほうがいい。度胸がつくし、日本の大会がどれだけ恵まれているのか再認識できる。

著者が振り返る
東洋大時代の春夏秋冬

大学駅伝の

（6〜8月）

6月は最も疲労が溜まる時期。
走っていて一番しんどい時期

　6月には国内最高峰の大会である日本選手権もあれば、全日本大学駅伝出場を目指す大学はその地区選考会に臨みます。記録会もあるので、レースは続きます。ただ、梅雨入りして、湿度が高くなるので、良い条件で走れるレースは少なくなっていきます。春にトラックシーズンが開幕してから、多い選手で4〜5本はレースをこなしているので、6月は最も疲労が溜まる時期です。寝苦しくなり、疲労の回復も遅くなります。練習はやるしかないのですが、走っていて一番しんどい時期です。私は湿度が高いのが苦手だったので、走っていると体が重く感じたものでした。

　7月は夏合宿に向けて、少しずつ走る距離を延ばしていく期間です。質を落として、量を増やす時期、というのが適切かもしれません。それから、学生にとって避けることができない前期試験が、7月下旬から8月初旬まで入ってきます。私たち陸上部員のなかにも、

テスト勉強をしっかりやっている部員はもちろんいましたが、私を含めてほとんどの部員は一夜漬けでした。寮の食堂で、みんなでテスト勉強をしたのは良い思い出です。私は1年生のとき、6月にアジアジュニア選手権、7月に世界ジュニア選手権と海外遠征があって、1カ月ほど大学の授業に出席できない期間がありました。何が何だか分からないまま試験を迎え、とても苦戦しました。なかには、「日本代表として遠征していたのだから」と配慮してくれる先生もいましたが、運動部の学生の事情は一切考えず、単位をくれない先生もいたものです。

各合宿地で「今年も来てくれたね」と
再会を喜んでくれることがうれしかったです

　試験が終わると、夏季休暇に入ります。夏休みといっても、授業がないだけで、私たちに休みはありませんでした。駅伝シーズンに向けた鍛錬期、本格的な夏合宿が始まるからです。春先の距離走は20〜24kmくらいまでですが、夏合宿の前は30km走も何本か入れ

COLUMN 02
大学駅伝の夏
(6〜8月)

ました。日中は気温が高くなるので、朝は4時や5時から走っていました。

　各大学に恒例の合宿地、定宿があって、1年に一度、夏になると、その地を訪れます。どの大学も競技レベルによってAチーム、Bチーム、場合によってはCチームくらいまでチーム分けされており、それぞれが各合宿地をまわっていきます。東洋大では、山形県の蔵王坊平、群馬県の吾妻、長野県の黒姫高原と富士見高原、石川県の能登・和倉温泉などで合宿を行っています。私の在学中には、2004年の中越地震で大きな被害に遭った新潟県長岡市の旧・山古志村で、起伏のあるロードを走って脚づくりをしました。合宿地に行くと、地元の方々が歓迎会を開いてくれるなど、温かく迎え入れてくれます。1年に一度会う方々が、「今年も来てくれたね」と再会を喜んでくれることがとてもうれしかったですし、「今年もここに来ることができた」と実感できる瞬間が、私は好きでした。こうして応援してくれる方々がいるから、秋以降の駅伝シーズンも頑張れますし、また良い結果を残して恩返ししたいと思えるのです。

大学駅伝にまつわる「60」のワード
第3章：トレーニング編

第3章 トレーニング編

やる気

ネガティブシンキング

無理に頑張ったり、やる気を出そうとしたりして心がしんどくなる

やる気がない日があって当然。割り切って、心の準備をして練習に臨む

選手はほぼ毎日練習するので、やる気がある日も、ない日もあります。練習前に気が乗らないと思っても、走っているうちにやる気が出てくるときもあれば、逆にやる気を持って臨んだのに、走っているうちにしんどくなっていくときもありますし、ずっとやる気が出ないまま終わるときもあります。**やる気が出ない日があって当然なのですから、そこは割り切って、心の準備をすべきです。**

　陸上競技、特に長距離の練習時間は、だいたい２～３時間です。私は現役時代、「１日24時間のうちの、たった２～３時間だから頑張ろう」と思うようにしていました。**練習が終わった後の、些細なご褒美を考えるのもおすすめです。**「終わったらゲームをする」でもいい。選手は日ごろ、甘いものやお菓子を節制しているので、きつい練習の後は、ご褒美に少しだけ食べるのもいいでしょう。私もチロルチョコを食べることを、頑張った後の些細なご褒美にしていました。

　やる気が出ない日こそ、どうやったらやる気が湧くのか考えることが大切です。「今日はやる気が出ないから、サボってしまおう」と練習を休んだり、手を抜いたりするのは、ただの言い訳です。やる気が出ない日には、「今日の練習できっと自分は強くなる」、「今日を乗り越えたら、自分が変わる可能性がある」、「この２～３時間を頑張れば、何かいいことがあるかもしれない」、「今日を逃さなければ、自分は変われる」と、できるだけ良い方向に持っていくのです。やる気というのは、自分でコントロールできます。

　ただし、**やる気を出さなければいけないわけではないので、気持ちを無理にポジティブに変換するのはやめましょう。**メンタルが崩れてしまいます。体調が悪い日、コンディションが整わない日もありますから、本当にやる気が出ないときは、受け止めることが大事です。私も大学３年生のとき、しんどいのに無理に頑張って、心を壊した時期がありました。今なら、自分の気持ちの変化を受け止めて、無理せずにやっていける気がします。

 POINT　やる気は自分でコントロールできる。心が壊れない程度にポジティブに。練習が終わった後のご褒美を考えるのもよい。

練習メニュー

ネガティブシンキング
出された練習メニューに納得できない。やらされている感覚を持つ

神シンキング
指導者に練習メニューの意図を聞くなど、対話をして一緒に構築する

競技者のなかには、自分で練習メニューを立てている選手がいます。また、部活動では、選手たちがメニューを考えるチームもありますが、大学駅伝界では指導者がメニューを決める場合が多いです。

　私の学生時代の東洋大では、翌月くらいまでの練習メニューを監督が立てていました。私には「こうしたい」という希望や、やりたいメニューがあったので、2年時から着任した酒井俊幸監督にはそれを伝え、コミュニケーションを取っていました。**自分の考えにプラスして、監督の視点からアドバイスをもらい、一緒に構築していく**。監督との対話は、非常に大切です。**強くなるためには、出されたメニューの意図や目的を考え、わからなければ直接聞く**。納得できないまま練習しても、やらされている感覚になるだけで、身になりません。

　解説者となった今、いろいろな大学を取材していますが、監督が選手の話に耳を傾け、対話できているチームは伸びています。練習メニューを最終的に決めるのは指導者であっても、自分の考えを持ち、指導者に意見を求められる選手になってほしいと思います。

　私はいわき総合高2年生まで、佐藤修一先生の立てた練習メニューをこなすだけでした。ところが、3年生になったときにチーム全体が伸び悩んだのです。そこで佐藤先生は、1カ月間だけ選手たちでメニューを考えるように方針を変えました。すると、練習の意図を理解できるようになっていきました。1カ月が過ぎてからは、練習メニュー自体は佐藤先生が立ててくれましたが、ペース設定など細かい部分は選手たちで考えました。それを先生に申告すると、「ペースが少し速いのではないか」といった、コミュニケーションを取れるようになりました。

　大学に入ると、自分で考えて行動しなくてはならないことが増えるので、高校時代に上意下達で3年間やってきた選手は伸び悩む可能性が高くなります。高校生のうちから、自分で考える習慣を持ち、自分の軸をつくっておくと良いと思います。

POINT 練習メニューの意図や目的を考え、理解したうえで行うようにする。指導者との対話を大切に、一緒に構築していくとよい。

練習環境

ネガティブシンキング

環境を理由に諦める。与えられた環境を最大限に活用できずに伸び悩む

神シンキング

ないものねだりをしても良い。恵まれていない環境にこそ、ヒントがある

アスリートはどちらかと言うと、ないものねだりをする人が多いです。「他のチームは海外遠征ができていいな」、「たくさん練習時間があっていいな」、「練習器具がそろっていてうらやましい」など……。**ないものねだりをすることは、決して悪いことではありません。大事なことは、そこからプラスに転換できるかどうか、です。**

練習環境が整っていなくても、練習時間が短くても、勝つチーム、強くなる選手はたくさんいます。**環境を理由に諦めるのではなく、与えられた環境を最大限に活用して、自分のパフォーマンスを発揮する、戦える要素を積み上げていくことが、強くなるために必要なのです。**それができない人は、自分に限界をつくってしまっているのだと、私は思います。

2024年のパリ・オリンピックで男子マラソンの補欠に選ばれていた川内優輝選手は、現在はあいおいニッセイ同和損保に所属するプロランナーですが、学習院大を卒業後、19年3月までの10年間は公務員をしていました。埼玉県庁に入庁し、夜間の定時制高校の職員だった川内選手は、午前中に練習して、昼から出勤していたそうです。繁忙期で午前中の練習ができないときには、リュックサックを背負いながら通勤路を走って、トレーニングに代えていたと聞きます。

実業団選手と比べ、練習時間は限られていたなか、11年、13年、17年には日本代表として世界選手権に出場を果たし、17年には9位と入賞に迫りました（プロ転向後の19年にも出場）。市民ランナーであった川内選手がこれだけの結果を残すことができたのは、タイムマネジメントをしっかりして、効率の良い方法を考えて練習していたからです。川内選手のように、強い選手は、不自由な環境も決して不自由だとは思わずに努力します。

「逆境をチャンスに変える」とよく言われますが、逆境にあるときには、かえって考える力がつくものです。**不自由な状況にこそ、チャンスに変えるヒントがあります。**

第1章 箱根駅伝編

第2章 レース編

第3章 **トレーニング編**

第4章 生活編

| POINT | 与えられた環境を最大限に活用し、自分のパフォーマンスを発揮する。不自由な状況には、チャンスに変えるヒントがある。

集団走

ネガティブシンキング
集団で走ることの利点を理解せずに、ただ付いて行くだけで終わる

神シンキング
仲間の力を借りて集団で走ることは、思考がシンプルになって良い

長距離の練習をチームで行う場合、距離走でもインターバルでも、集団でスタートするメニューが中心です。集団走で先頭を引っ張る選手は、事前に何となく決められていたり、何周ずつかで交代したりします。先頭の選手次第で全体の流れやペースが決まってくるので、責任のある役割ですし、神経を使います。一方で、先頭以外の選手にとって、集団走は楽ができると言えるでしょう。

　先頭以外の選手は、前の選手に付いて行くだけなので、思考がシンプルです。きつくなっても、自分の動きを前の選手に合わせるだけで、最後までペースを乱さずに走ることができます。**調子が悪いときや、何も考えたくないときもあるので、そんなときこそ、仲間の力を借りて走れる集団走が効果的です。**

　練習において「楽ができる」と言うと、手を抜いているようで少し聞き苦しいかもしれませんが、「集団凝集性」という言葉があるように、仲間を頼るのは決して悪いことではありません。スポーツにおける集団凝集性は、人と人との関わりが働くことで、チームに結束力や一体感が生まれる効果があります。集団凝集性により、心理的な安全性が高まるとも言われています。

　目標を達成したいときには、集団でまとまって走るほうが良いパフォーマンスを発揮できることもあります。もちろん、調子が悪いときに1人で乗り越えられる選手もいるでしょう。しかし、**集団走には、1人では得られない練習効果があります。**練習にはそれぞれの目的があるので、「この練習は、集団のなかでこのように走ろう」といったように、目的意識をどれだけ集団にすり合わせて考えられるかが大事です。

　さらに、「ここまでは集団でほかの選手と一緒に走って、その後で自分はこういう練習をしよう」というエッセンスを加えていくようにします。**走り始めてしまえば、付いて行くだけでシンプルですが、集団で走ることの利点や練習の目的を事前に理解しておくことが大切です。**

POINT　調子が悪い日は、仲間の力を借りて走れる集団走が良い。前の選手の動きに合わせれば、単独走にない練習効果が得られる。

ジョグ

ネガティブシンキング
常に誰かと一緒に走ることで、自分の体が鈍感になってしまう

神シンキング
1人で走るジョグは、自分と向き合う時間として大切にする

ジョグとは、数十分から120分程度という長時間、走り続ける練習メニューで、長距離選手にとって基礎固めになるものです。陸上競技は非接触スポーツなので、駅伝やリレー以外は誰かと連携することはあまり多くありません。1人で走る時間は非常に大切ですし、自分と向き合う時間になります。ジョグはそのための時間でもあります。

　ジョグはただ走ればいい、時間が経てばいい、というわけではありません。何を考えながら走るのかが重要なのです。自分のための時間なので、小説の物語についてでも、趣味に関することでも、夕食のことでもいい。**自分の体について考えれば、コンディションと向き合う時間にもなります。**次の日に向けた練習であることを、忘れないでほしいと思います。

　私は現役時代、1人で走る時間をとても大事にしていました。どういうコースで、どんなペースで走るか、考える時間も増えるからです。私は60分ジョグが一番好きで、90分や120分は長く感じました。コースは何パターンかあって、その日の体調や気分によって決めていました。前日の練習の状況、翌日の練習の内容を踏まえ、走り始めたらまずは、その日の体の状態を確認します。距離が進むごとに、フォームのことを考えたり、自分の趣味のことを考えたりしていました。

　1人で走る時間は絶対につくったほうがいいのですが、精神的、身体的にきついときは、チームメイトと一緒にジョグをするのもいいと思います。一緒に走ることで動きが良くなったり、集中力が上がったりすることもあります。ですが、常に誰かと一緒にジョグをしている選手は、あらためたほうがいいでしょう。**2人以上でジョグをすると、誰かが主導権を握ることになります。強い選手が主導権を握る場合が多いのですが、付いて行くだけの選手は、自分の体がどんどん鈍感になっていきます。**それは、とてももったいないことだと思います。

POINT　ジョグは自分と向き合う大切な時間。ときには仲間と一緒に走るのもいいが、自分の体が鈍感にならないように注意する。

42

夏合宿

ネガティブシンキング

長期間、同じ環境で合宿を行うと、慣れてきて集中力が続かない

神シンキング

国内での合宿は、1週間から10日間で1セットくらいがちょうど良い

長距離選手は、夏には涼しい地域や標高の高い土地などで合宿を行います。駅伝シーズンに向けてじっくり走り込む期間で、関東圏のチームの主な合宿地としては、北海道や東北地区、長野県、新潟県などが挙げられます。実業団チームや、夏休みが長い大学生は、お盆休みなどの帰省期間を挟んで、1カ月半から2カ月近くの長期間にわたって合宿を行います。

　合宿の組み方はチームによって方針が違いますが、特に実業団は1カ月くらい、同じ場所にとどまって合宿するチームも珍しくありません。大学生でも長いところは20日くらい、同じ場所に行っています。ですが、**あまり長いと集中力が続かないし、気持ちがついていきません**。同じ環境に居続けると慣れてきて、かえってだらけてしまうこともあります。海外に出て経験を積むのなら1カ月くらい行ったほうがいいですが、**国内の合宿では1週間から10日を1セットとして、メリハリをつけるのが理想だと私は考えます。**

　私は短期集中型なので、現役時代は10日間くらいが限界というか、気持ちを保てるギリギリのところでした。東洋大は1つの合宿が数日から1週間程度で、次の合宿地に移動したり、一度寮に戻ったりしています。それが私には合っていました。実業団に進んでからは、北海道で長期間の合宿に入ると、なかなか集中力が続きませんでした。そんなときは、どうにかして気持ちを変化させようと、積極的に外に出るようにしていました。

　今は家族がいるので、1人で外出する機会は少ないですが、現役時代の私は、1人で出かけるほうが好きでした。練習が休みの日には、行く場所や、食べるものなど、行動計画を立てることから始めます。北海道合宿中の休日には、電車で札幌まで出て、市内を1日中歩いたり、好きなテレビ番組のロケ地に行ったりしました。それが良いリフレッシュになっていました。選手によっては、オフの日も外出せずに部屋でゆっくりして、体を休めている人もいますが、**気分転換することは大切なのです。**

POINT　長期間、同じ環境で合宿を行うと、集中力が続かない。1週間から10日が良いが、合宿が長いときは気分転換を大切に。

朝練習

ネガティブシンキング
朝練習で強くなるわけではないのに、根を詰めて走る

神シンキング
走行距離を増やすために必要。1日の始まりなので、気持ち良く走る

短距離選手やフィールド種目の選手が朝練習をすることはあまりありませんが、長距離選手は早朝から走ります。箱根駅伝出場校をはじめとする主な大学は、どこも朝練習を行っています。私の学生時代の東洋大は、5時開始だったので、4時20分くらいに起床していました。毎日の習慣とはいえ、朝早く起きるのはしんどい。4年間のうちには何度か、寝坊したこともあります。

　軽く体を動かした後に集合し、監督からの指示を受けたら、体操をして、練習に入ります。内容としては、1km4分程度のゆったりしたペースで、12kmくらい走ります。

　1限から授業が入っている選手は、朝練習の後にシャワーを浴び、朝食をとったら大学に向かうので、時間的な余裕はありませんでしたが、時間がある選手は全体でのペース走の後に、各自で30～40分走っていました。起きた瞬間の気分は最悪ですが、朝練習は気持ちが良いものです。走っているうちに空が明るくなってきて、朝焼けが見えると、「今朝も良い練習ができた」と爽快な気分になりました。

　私はいわき総合高時代に、佐藤修一先生から「朝練は気持ち良くやることが大切だ」と言われてきました。朝から根を詰めて走る選手もいますが、1日の始まりですから、フレッシュな気持ちで終えることが一番です。

　勘違いされがちですが、朝練習で強くなることはないと思っています。人間の体が最も動くのは朝ではなく、午後から夜のほうが筋肉や関節が活性化すると言われています。朝練習よりも、本練習で強度の高いメニューを行ったほうが、運動効果は高いのです。ではどうして、走力の向上に直結しない朝練習で距離を踏むのでしょうか。**箱根駅伝などの長い距離で勝負するには、1カ月で総距離にして600～800kmを走らなければならず、結果的に朝練習が1日の走行距離を増やすことにつながっていくからです。**朝練習での脚づくりが、後になって効果を発揮していくのです。

 POINT　朝練習で強くはならないが、走行距離を増やすことにつながり、箱根駅伝に生きてくる。気持ち良く終えることが大切だ。

指導者
（監督、コーチ）

ネガティブシンキング
選手と指導者が対話をしないことで、信頼関係が崩れてしまう

神シンキング
選手と指導者の双方が、否定せずに対話をすることで理解し合える

東洋大では、私が２年生のときに酒井俊幸監督が就任しました。酒井監督は着任前、福島県の学法石川高の教員をしていたので、いわき総合高出身の私とは高校時代から交流がありました。私が高校生のころ、実業団を引退して間もなかった酒井監督はまだ走っており、同じレースで対戦したこともありました。「酒井先生」から「酒井監督」になってからの３年間、私にとって最も良き理解者であり、一番の話し相手でした。私たちのように在学中に監督が交代する例もありますが、選手は監督を、そして大学を信じて進学を決めたのですから、指導者には選手にとって良き理解者であってほしいと思います。

　酒井監督とは本当によく対話をしました。話すことによって自分の考えがまとまり、思考が落ち着いたものです。とはいえ、ときには話しにくいこともあったので、当時の佐藤尚コーチや谷川嘉朗コーチに相談したり、コーチを介して酒井監督に自分の考えを伝えてもらったりしました。当時の東洋大では、酒井監督と２人のコーチの関係が良好でしたが、監督、コーチといった指導スタッフ間の関係性も重要です。

　選手は、指導者がいるのなら積極的に対話をすべきです。人間同士なので、分かり合えているつもりでもそうではない。**言葉にしないと伝わらないのです。**対話をせずに憶測で判断していては、信頼関係が崩れてしまいます。対話をするうえで大切なのは、双方が否定しないことです。これは指導者と選手に限らず、上司と部下の間柄にも言えますが、生きてきた年数や境遇、学んできた環境が異なるので、**どうしても言語化能力に差が生じます。その差を理解したうえで、互いに否定せずに対話をしないとストレスが溜まります。**例えば、競技や練習については指導者のほうがうまく言葉にして説明できても、日常生活で利用するＳＮＳなどの現代文化については、選手のほうが詳しいかもしれません。指導者、上司が必ずしも上に立つのではなく、違いを理解することで建設的な対話が進むのです。

> **POINT** 言葉にしないと伝わらないので、選手と指導者は積極的に対話する。言語化能力の差を理解し、互いに否定しないことが大切。

筋力トレーニング

ネガティブシンキング
目的意識を明確にせず、しんどいだけの筋力トレーニングをする

神シンキング
科学的根拠のある筋力トレーニングを、目的を理解してやるのは良い

私は現役時代、筋力を維持する、体のコアを支えることを目的にして、腹筋と背筋をしっかり鍛えていました。特に高校時代は、腹筋と背筋を強化するメニューが練習に組み込まれていたので、6種目を各30回くらい行っていました。また、スタビライゼーションといわれる、器具を使わない体幹トレーニングも2〜3セットやっていました。大学に入ってからも、東洋大が体幹トレーニングに重点を置くチームだったので、かなりやりましたが、大学のトレーニング内容に慣れるまで時間がかかり、きつかったのを覚えています。

　ただ、器具を用いる筋力トレーニング（筋トレ）はあまりやってきませんでした。当時の長距離選手は、自分の体重を負荷にして行う自重トレーニングが中心だったからです。ですが、今は変わってきました。筋トレというと以前は、指導者がとにかくやるように指示している印象でした。筋トレをすることでどのようにパフォーマンスが向上するのか、どの部分の筋力が増大するのか、深く掘り下げることなく行われていました。ですが近年では、正しい知識を持って行う選手が増えたと感じます。アメリカなど海外で行われている筋トレのメニューを、SNSで簡単に知ることができる時代です。それらを取り入れ、応用している指導者やトレーナーは多いです。**科学的根拠のある筋トレを、アスリートが納得したうえでやるのなら良いでしょう。**ある監督によると、長距離選手が走るトレーニングをしながら筋トレをやっても、筋力が大きく上がることはないとのことですが、筋肉に刺激が入ることで、瞬発力が向上するのだそうです。

　私の現役時代を振り返ると、何のためにやっているのか理解しないまま行っていました。**大事なのは、目的意識を明確にすることです。筋トレに限らず、何事においてもそうですが、目的を理解せずにただやるのはしんどい。**指導者側が、しっかりと目的を伝えなければなりません。1回で伝わらなければ、懇々と言い続けることが必要なのです。

以前と比べ、科学的根拠のある筋トレが行われている。指導者が選手に対し、目的意識を明確に伝えたうえでやるのなら良い。

46

キャプテン

ネガティブシンキング

監督とコミュニケーションを取らず、選手側の立場で居続ける

神シンキング

良いキャプテンはコミュニケーション、士気向上、規範ができている

キャプテンとは、むしろ監督より重要な立場なのではないかと、最近では思うようになりました。箱根駅伝出場校を取材すると、いっそう感じます。**強いチームのキャプテンは、「コミュニケーション」、「士気向上」、「規範」の３つができています。**学生スポーツにおいて、リーダーに求められるのはこの３つで、どれか１つでも欠けたら良いチームをつくることはできません。

私は大学４年時にキャプテンを務めましたが、酒井俊幸監督からの打診を一度は断っています。自分はキャプテンを務めるような器ではないと思ったからです。しかし、酒井監督がそれで引くことはなく、今度は同期全員が集められました。その場で「柏原にキャプテンをやってもらいたいが、１人にすべてを任せるのではなく、みんなでチームを引っ張ってほしい。柏原に求めるキャプテン像は、走りの面で引っ張ること。それ以外の部分は、みんなで役割分担するように」と言われ、私は引き受けることにしました。

前出の３つのなかで、私が担ったのは、主に規範の部分です。監督は寮生活を常に管理しているわけではないので、基本的なことですが、ルールやマナーを守る、礼節を重んじるように導く人が必要です。走りの面では士気向上も担いましたが、私の場合はどちらかと言うと、叱咤激励だったかもしれません。私が行き届かないコミュニケーションの部分は、川上遼平、宇野博之、田中貴章、山本憲二らが担ってくれました。

キャプテンを務めて分かったのは、人と人とをつなげるのが大きな役割だということです。選手側ばかりに寄り、同じ立場で居続けてはいけません。選手、監督の双方とのコミュニケーションが大事です。監督が本当に言いたいことは何なのか、内容を正確に理解して、選手たちに伝えるのもキャプテンの役割です。

チームメイトに対してときには厳しいことを言わなければならず、周囲に理解されないことも多いつらい立場ですが、一歩引いて考えてほしいです。

> **POINT** キャプテンにはコミュニケーション、士気向上、規範の３つが求められる。人と人とをつなげることも、大きな役割である。

大学駅伝にまつわる「60」のワード
第3章：トレーニング編

47

主務、マネージャー

ネガティブシンキング
覚悟を持って務められないマネージャーがチームに残る

神シンキング
選手がマネージャーに対してリスペクトの意を持ち、常に感謝を伝える

大学の陸上競技部にはマネージャーがいます。女子マネージャーを採用している大学もありますが、男子選手たちを支えるのは、同性の男子マネージャーが多いです。マネージャーのなかの責任者、リーダー格が「主務」と言われる役職です。

　大学にもよりますが、もともとマネージャー志望で入った学生もいれば、当初は選手として活動していたものの、ケガが長引いたり、体調を崩して走れなくなったり、競技で思うような結果を残せなかったりして、マネージャーに転向する学生も多いです。箱根駅伝を走ることを夢見て大学に入ったのに、諦めてマネージャーになる決断をするのは簡単なことではありません。でも、一度決めたなら、すっぱり気持ちを切り替えるべきです。**「選手を続けるのは難しいけど、マネージャーにはなりたくない」**という部員は、**チームを去るほうが部のためでしょう**。私の学生時代の同期には、途中で転向した者はいませんでしたが、競歩と短距離から、選手を引退した後にマネージャーを引き受けてくれた者がいて、本当にありがたかったです。

　学生が覚悟を持ってマネージャーを務められるようにするのも、監督の役割です。その学生がどうしてマネージャーとして必要なのか、どういう部分で適性があるのかを伝え、選手でいる以上に社会経験を積めること、将来的にビジネスにも役立つかもしれないことなど、マネージャーの魅力を聞かせる。本人が納得したうえで、転向してもらうことが大事です。

　選手側がすべきことは、マネージャーと対等な関係を築くこと。特に、選手から転向したばかりのマネージャーとの接し方は難しいので、選手側のケアが求められます。同じチームにいる以上、互いの関係に優劣はないのです。マネージャーとは、選手の世話をする係のように思われがちですが、決してそうではありません。給水ボトルをもらうだけのことでも、常に感謝の言葉を伝える。**選手側がリスペクトの意を持つことが最も大切です。**

POINT　選手とマネージャーは対等の関係である。マネージャーは覚悟を持って務め、選手側もリスペクトの意を持って感謝を伝える。

コラム③ 著者が振り返る
東洋大時代の春夏秋冬

大学駅伝の秋

（9〜11月）

選手はみんな同じかもしれませんが、 秋は胸がキュンとします

　夏が長くなったといわれる近年、9月もまだ暑さが続きますが、少しずつ朝の気温が下がり、秋の気配を感じるようになると、そこはかとなく緊張感が漂います。駅伝に関わる選手はみんな同じかもしれませんが、朝晩の寒暖差が大きくなる秋は胸がキュンとします。今の私は文化放送で担当している「箱根駅伝への道」の取材、放送が始まると、「いよいよこの時期が来たな」という気持ちになります。

　各大学とも9月中旬まで夏合宿を行っていますが、その終盤の時期に日本インカレが開催されます。本来は学生最高峰の大会ですが、夏合宿の走り込みの最中であり、駅伝シーズン前である長距離選手は、捉え方が少し異なります。有力選手がすべてそろうわけではなく、私も一度も出場したことがありません。出たいと思って準備していた年もありましたが、私は秋にトラックレースに合わせられるほどスピードが上がってこないタイプでした。4年生のときには夏

合宿を頑張りすぎて疲労が抜けず、出場を回避しました。スピード
ランナーや、量をこなさなくても長い距離に対応できる選手は、出
場しても駅伝シーズンに影響はないと思います。反対に、量を踏ん
だほうがいい選手は、この時期もしっかりと走り込みます。また、
1本の出力が高い選手が9月の日本インカレに出場すると、そこで
出し切ってしまって回復に時間がかかり、10月の出雲駅伝に合わ
せられないこともあります。

大学の名を背負って観衆のなかを
走れることに喜びを感じたものです

　私は1年目の出雲駅伝の1区が、学生三大駅伝デビュー戦でした。
出場できることがとてもうれしくて、親や高校の恩師、そして東洋
大に着任前、学法石川高の教員だった酒井俊幸監督（当時は酒井先
生と呼んでいました）にも電話で報告しました。高校3年生で出場
した全国都道府県対抗男子駅伝も沿道の観客が多かったですが、大
学の名を背負って観衆のなかを走れることに喜びを感じたものです。

COLUMN 03
大学駅伝の秋
(9〜11月)

　その出雲駅伝では、4年生のときに初優勝することができました。1区の私がトップと33秒差の6位と遅れてしまい、2区の川上遼平に半ベソをかきながら「ごめん」と言ってタスキを渡しました。「大丈夫だ」と言ってスタートしていった川上が順位を3つ上げると、3、4、5区と連続区間賞。4区の田中貴章でトップに立ちました。私が遅れてきた分を、みんなが取り返して優勝してくれた。その喜びとチームメイトへの感謝の気持ちがなかったら、私は11月の全日本大学駅伝で「今度は自分がみんなのために」という決意を持って、区間賞の走りをすることができなかったかもしれません。

　多くの大学が全日本大学駅伝で一区切りです。そこから箱根駅伝のメンバー争いが熾烈になります。全日本大学駅伝までは夏合宿で頑張った選手が評価されてメンバー入りしますが、箱根駅伝に向けては一度リセットされます。トラックレースに加え、箱根駅伝の距離に直結するハーフマラソンの大会がメンバー選考に関わってくるので、当落線上の選手や、ここまで結果を残していない選手にはアピールの場になり、緊張感がいっそう高まっていきます。

123

大学駅伝にまつわる「60」のワード
第4章：生活編

第1章 箱根駅伝編

第2章 レース編

第3章 トレーニング編

第4章 生活編

食事

ネガティブシンキング
嫌いなものを食べず、含まれている栄養素を摂取する方法も考えない

好き嫌いはあって当然。食べないものに含まれる栄養素をどう補うか

アスリートは体が資本なので、食事管理は必須です。ただ、気にしすぎたり、糖質を制限しすぎたりして、ストレスを抱えないようにしてほしいと思います。

　アスリートも人間なので、好き嫌いがあって当然です。「嫌いだから食べない」で終わらせるのではなく、嫌いなもの、食べないものに含まれる栄養素のなかで、陸上選手に必要なものをどうやって補っていくかが大切です。

　例えば、魚が嫌いだったとします。でも、青魚には陸上選手に必要なＥＰＡ（エイコサペンタエン酸）が豊富に含まれています。ＥＰＡは、体内でほとんどつくることのできない必須脂肪酸の一種です。魚が嫌いな選手は、まずは魚以外で自分が食べられるもののなかから、ＥＰＡを摂取できる食品を探します。栄養素は自然食品から摂るのが一番ですが、食品で見つからなければ、サプリメントで摂取します。**食品に含まれている成分を確認し、どんな栄養素を摂取できるのか、知識を持っておくことは、アスリートの基本です。**

　私は高校時代、貧血に悩まされた時期がありました。いわき総合高には「総合」という学科があったので、そこで食物調理を選択して、栄養の基礎を学んだり、調理技術を学んだりして、貧血の克服に役立てていました。家庭科食物調理技術検定の２級も取得しています。また、東洋大の陸上競技部は女子栄養大と連携しているので、月に１回は栄養学が専門の教授から講義を受け、知識を得ていました。人間の体質はそれぞれ異なります。

　私にはプロテインがまったく効果がなかったので、「ミロ」（ネスレ日本）を飲んで栄養を補っていました。血液検査をすると、プロテインを飲まなくても体内のタンパク質の数値が上がっていました。定期的に血液検査をしないと、わからないことは多いです。**何を摂取すれば、どの栄養素の吸収率が高いのかは個人差があるので、データを取って、自分で分析し、それぞれに合った食事方法を見つけるといいでしょう。**

POINT　食品からどんな栄養素を摂取できるのか、知識を得る。体質には個人差があるので、血液検査をしてデータを分析するとよい。

先輩

ネガティブシンキング
縦割りが続く組織は後輩だけが雑務をしたり、発言できなかったりする

神シンキング
良い組織は上下関係がありつつも、自由な議論が交わされている

社会人になって感じるのは、**良い組織には上下関係がありつつも、部下や後輩が人として尊重されており、自由な議論が交わされているということです。**以前なら、部下や後輩が雑務をする、上司や先輩の意見に従うのが当たり前でしたが、今では先に入った人が偉いという考えは徐々になくなってきました。ＤＸ化が進み、多様性が求められる令和の企業では、縦割り組織が撤廃されています。管理職を含め、老若男女を問わずみんなで課題を改善し、目標を達成していく方向に変わっているのです。

「体育会系」という言葉に、上下関係が厳しい、先輩には絶対に服従しなければならないというイメージがあるように、スポーツの現場はどちらかと言えば旧態依然とした体質が残っています。ですが**これからは、最低限の上下関係を保ちながらも、全員で動いていくチームづくりが理想だと考えます。**

　企業に就職したら、18歳や19歳から60歳代まで幅広い年代の人が共に働き、一堂に会して議論するのですから、大学４年生と１年生の３歳差などあまり関係ありません。１年生だけでなく、４年生も一緒に雑務をする。**良いチームをつくりたいのなら、学年ごとではなく、全体のミーティングで自由に議論し、下級生の意見を取り入れる。下級生がうまく意見を発言できないときは、上級生がフォローする。最終的な管理責任は、上級生が負えばいいのです。**そのほうが、企業に就職したときに、スムーズに社会に入っていけると思います。

　私は学生時代の２つ上の先輩で、2010年の第86回箱根駅伝で優勝したときの主将だった釜石慶太さん（現・仙台育英高女子監督）に感謝しています。釜石さんは、学生スポーツは４年生が主体であるという威厳を持ちながらも、「東洋は柏原のチームになっていくのだから」と、私のやりたいようにやらせてくれて、それは決してわがままではない、とも言ってくれました。下級生だった私に配慮してくれたおかげで、遠慮なく自分の意見を伝えられました。

POINT スポーツ現場でも、最低限の上下関係を保ちつつ令和流にフィットしていくことで、就職したとき円滑に社会に適応できる。

同期

チームメイトだからといって馴れ合ってしまい、互いに成長しない

同じチームにいても、競技をする以上はライバルだという心を持つ

学生時代の同期生は、卒業後も長く付き合える大切な存在です。しかし、**馴れ合う必要はありません。同じチームにいても、競技をする以上はライバルです。**例えば野球では、ポジション争いを勝ち抜かなければ、試合に出場することはできません。陸上は個人競技ではありますが、駅伝メンバーとして走るのは、チーム内競争を勝ち抜いた選手たちです。少々きつい言い方かもしれませんが、チームメイトを蹴落とさなければ、メンバーに入ることはできないのです。チームとして同じ目標に向かっていくことはもちろん大事ですが、**選手同士が馴れ合っているチームは強くならないし、成長しません。**

　東洋大で私の代の長距離部員は9人でした。私たちは学生時代、「友達ではなく仲間」と表現していました。友達ではなかったから、競技面では互いにライバル意識を持っていました。メンバーに入れなかったときには本気で悔しがり、レースでも練習でも、同期に勝つことができたら心から喜びました。対抗心を持ちながらも、いがみ合っていたわけではありません。互いをリスペクトしていたので、同期の誰かが活躍したときには、素直に祝福することもできました。**足の引っ張り合いをするのではなく、真っ向勝負でレギュラーを取りに行くのです。**私たち9人は4年間、全員が同じマインドを持ち続け、同じ目線に立っていたのが良かったのだと思います。

　「友達ではなかった」と言いましたが、卒業から十数年が経った今は間違いなく友達です。むしろ、今のほうが仲良しかもしれません。私は同期会になかなか顔を出せていませんが、私が参加できないときでも必ず電話はかかってきます。マツダ所属の山本憲二は、同期では一番長く競技を続けるだろうと思っていましたが、いまだに実業団で走り続けています。同期で唯一の現役選手ですから、もちろん応援はしていますが、本人には「早く引退すればいいのに」と、みんなで言っているんです。そんなことを和気あいあいと言えるくらい、フランクな友達です。

POINT　チームメイトも、競技をする以上はメンバーを争うライバルだが、足の引っ張り合いをするのではなく、真っ向勝負をする。

後輩

ネガティブシンキング
手順を踏まず、後輩の考えや行動を
否定するだけでは反発される

神シンキング
肯定から入れば、後輩は心を開く。
自発的に考えさせることが大事

ＡとＢ、２つの商品があるとします。本当はＡを欲しかったのに、友達がＢを勧めていたからＢを選ぶ、という人も多いのではないでしょうか。すると、Ｂの商品の良い点を探し始めます。このように、人間の考えは他人によって動かすことができます。先輩と後輩の関係も同じで、後輩の意識や考え方は、先輩によって左右されるものなのです。

　私は学生時代、練習に身が入らない選手、目標に向かって努力しない選手が気に入りませんでした。そういう後輩には、「箱根駅伝を走りたいんじゃないのか、それならもっと頑張れ」と、厳しい言葉を投げかけていました。しかし、いま振り返ると、後輩に対して相応しくない接し方でした。**人間はただ自分の考えや行動を否定されると、反発するものです。難しいことではありますが、反発されないように手順を踏んでいく必要があります。**

　人間は誰しも、褒められるとうれしいものなので、後輩の良くない部分を指摘する際にも、まずは褒めることから始めます。好意を持ってもらえるように、褒め方もポイントです。そのあとで、「ここは良かったけど、ここを直せばもっと良くなる」と指摘する。**肯定から入って、修正すべき点を指摘すれば、後輩も心を開いてくれるものです。また、自分にはどんなことができていて、どんな部分が足りないのかを考えさせて、自発的に言葉にできるように導いていくことも先輩の役割です。**できていないことを、自ら進んでやるように働きかけていくことが、後輩への接し方で大切なことだと思います。

　学生時代に後輩への接し方が上手だったのは、同期の川上遼平です。とにかく優しい性格で、怒ることがない。ごく自然に後輩のやることを肯定したり、後輩について興味関心を示したりしていました。特に私がキャプテンを務めていた４年時には、コミュニケーションが上手な川上が副キャプテンとして支えてくれたおかげで、良い組織が成り立ち、円滑なチーム運営ができました。

> POINT　肯定から入って、修正すべき点を指摘すれば、後輩は心を開く。
> できていないことを、自発的にやるように導いていく。

勉強

ネガティブシンキング

世の中を知ろうとせず、日常に鈍感になると、自分の考えを持てない

神シンキング

就きたい職業や、将来の方向性を決めてから勉強するのが良い

大人になってから、「もっと勉強しておけば良かった」と思うことはよくあります。私も学生時代、どちらかというと真剣に勉強してこなかったほうなので、現役学生に向かって、勉強しろとは強く言えません。ですが、ふとしたときに「なるほど」と感じるような準備はしておいてほしいと思います。それには、**日常に鈍感にならないことです。1本の記事を読むときにも自分の考えを持っておく**と、「確かにこういう意見もある」など、面白さを発見できるはずです。

私は2024年4月から、東洋大の大学院で社会心理学を勉強しています。現役時代から取材を受ける機会が多いのですが、どう答えたらいいのか分からないときもあり、前年の春ごろから大学院進学を考えるようになりました。正直言って、学部時代の授業は単位を取ることが第一でしたが、大人になってから勉強することは楽しいです。それは年齢を重ねた今のほうが、人生経験を積み、世の中を知って、知見を広げることができたからです。一方で、新たな学びが増えたことで、今までどれだけ自分の考えに固執していたのかも思い知らされています。

中高生なら、将来の夢や就きたい職業があって、それを実現するにはどうすればいいのか調べ、学び始めるでしょう。**アスリートも同様で、就きたい職業や、こうなりたいという方向性を決めて、勉強していくのが良いと思います。**箱根駅伝に出場したから、就職できるわけではありません。その人の内面を評価されるのです。**興味関心を持ったことがあれば、一歩踏み込んで調べてみて、どんな勉強をするのか知ることから始めてみるのもいいでしょう。**

私は大学院で学ぶことで、もっと世の中が見えるようになればいいと思っています。どうすれば人の心を読むことができるのかを心理学で学んだら、修了後にはキャリアコンサルタントの資格を取れたらいいなと考えています。資格取得のためには、さらに勉強が必要です。これから先も、まだまだ向上心を持って勉強していきます。

POINT　自分の夢や将来の方向性を決めてから、勉強するのが良い。日常に鈍感にならず、興味関心を持ったことに踏み込んでいく。

進路
(実業団、企業就職)

ネガティブシンキング
何もやり遂げることなく大学4年間を過ごすと、企業から求められない

神シンキング
企業から見て魅力的な人は、自分の言葉で明確に表現できる

大学卒業後の進路決断は、誰もが通る道です。企業に就職するのなら、学生時代に自分が組織のなかでどんな役割を果たしてきたのか。反対に、やりたかったができなかったことは何なのか。だから、企業に入ったらこんな役割を担える人材になりたいと、自分の言葉で明確に表現し、訴えかけられるようになることが大切です。そんな人材を、企業は求めているのです。**目的も持たず、何もやり遂げることなく、得ることもなく、ただ４年間を過ごしただけの学生が、企業から求められることはありません。**組織とは、運動部の活動でも、サークル活動でも、何事でも同じです。

　アスリートであれば、まずは実業団で競技を継続するのか、引退して企業に一般就職するのかを選ばなくてはなりません。どちらを選択するにしても、チームという組織のなかでどんな役割を果たしたのか、何を学んできたのかを、表現できるようになってほしいと思います。チームを良い方向に導くために、提案したこと、撤廃したこと、実際にやってみてチームはどう変わったのか。キャプテンを務めていたのなら、どんな改革をしたのか。役職に就いていなかったのなら、後輩の意見を聞いた、などでも構いません。話を聞くことにより、その後輩が心理的安全性、つまり、**組織のなかで自分の考えや気持ちを安心して発言できる状態を高めることにつながったのなら、それは十分に役割を果たしたことになります。**

　私は３年生の秋に、実業団に進む決断をしました。多くのチームから勧誘を受けたなか、最後は３社に絞り、４年生に進級する前に現在の会社に決めました。決め手は、強くなろうというチームの熱意が最も伝わってきたからです。また、各社の企業理念を丁寧に調べて、共感する点があったのも現在の会社でした。

　最初は陸上競技部員として入社するにしても、その企業のことを知らないといけません。**企業側から見ても、チームについて良いところ、改善すべきところを、はっきりと自分の言葉で表現できる人が魅力的なのです。**

POINT 　学生時代に、組織のなかでどんな役割を果たしたのか、自分の言葉で明確に表現できる人が、企業から見て魅力的に映る。

54

生活リズム

ネガティブシンキング
夜更かしばかりしていて、メリハリをつけた生活ができない

神シンキング

基本的な生活時間をルーティン化する。年に数日は夜更かしをしてOK

私が通っていたいわき総合高は、自宅から自転車で15分程度の
ところにありました。毎朝6時に起きて身支度を整えてから学校へ
行き、朝練習を終えた後に授業を受けていました。それが、大学に
入ってからは朝練習の開始が早い分、起床時間も2時間早くなりま
した。そのうえ、片道1時間半以上かかる電車通学です。この生活
に慣れるまで1年かかりました。特に1年生のときは、授業が5限
まで入っている日は寮に帰るのが20時近くになり、練習との両立
はとてもしんどかったです。

　そんな私が生活面で心がけていたのは、指標をつくることでした。
授業と練習の都合で、毎日すべてのことを同じ時間に行うのは難し
かったのですが、**起床、食事、入浴、就寝などの基本的なことは、
なるべく同じ時間に行うようにしていました。特にスポーツ選手に
は、ルーティン化することが向いていると思います。**

　私は普段、翌日の朝練習のことを考え、夜更かしはしないように
していました。寮で同室の後輩には、22時半までに部屋の電気を
消すように言っていました。消灯後、後輩がすぐに寝なかったとし
ても、スマホをいじっていても構いませんが、私は翌朝のために早
く体を休めたかったのです。とはいえ、1年中ずっと早寝早起きで
はストレスがたまります。日頃の生活リズムが整っていれば、年に
数日は夜更かしをしていいし、少しくらいは羽目を外してもいいで
しょう。むしろ、**息抜きは大事です。要はメリハリをつけているか
どうか、だと思います。**

　就寝時間が決まっているほうがいいことは間違いありませんが、
常にその時間に眠れるわけではありません。人間なので、なかなか
寝付けない日もあります。

　**私も最近はなかなか眠れない日がありますが、こんな日もあると
割り切って布団に入り、スマホを見ないようにしています。**「明日
は早起きしないといけないのに、どうしよう」と**不安になると余計
に寝付けないので、割り切るようにしましょう。**

> **POINT** 特にスポーツ選手には、生活時間のルーティン化が向いている。
> メリハリをつけた生活をして、眠れない日には割り切るとよい。

第4章：生活編

ファッション

ネガティブシンキング
学生らしくない、立場に不相応な高価なブランド品を身に着ける

神シンキング

TPOをわきまえていれば、お洒落でなくても好きなファッションでいい

昔も今も、ファッションに興味がない、というのが正直なところ
です。学生時代には興味を持とうと頑張ったこともありましたが、
結局はダサくない程度でいいかな、と。私服は自分が着たいものを
着ればいい。ジャージでも構わないと思います。**特別お洒落でなく
とも、それは個人の感性です。ＴＰＯをわきまえていれば、自分の
好きなファッションでいいのです。**

　私の学生時代もそうでしたが、今の学生たちも、ファッション好
きな選手は多いです。洋服や小物にお金をかけること自体は決して
悪いことではありませんが、目立ちすぎるのだけは気をつけたいも
のです。特に、箱根駅伝出場校やそれに準ずる大学では、長距離選
手はアルバイトをしていません。不相応なブランド品を身に着けて
いれば、陸上選手、長距離選手は学生でもお金をもらえるのだと、
学生陸上界全体が勘違いされてしまいます。**周囲から見られている
のだという、自覚を持ってほしいと思います。**

　ファッションに興味がない私ですが、最近はＴシャツを買うこと
が増えました。６～８月には故郷のいわき市にちなんだアロハシャ
ツを、それ以外の時期はＴシャツを着ています。それから靴も好き
で、現役のときほどではありませんが、ジョグのシューズも普段履
く靴もいろいろと揃えています。**用具を使わない陸上選手はシュー
ズが相棒であり、商売道具ですから、日常生活でも靴が好きな人が
多いと感じます。**

　現役選手にとって、一番の相棒を好きになるのは良いことですし、
こだわっていいと思います。近年のシューズの開発技術は素晴らし
く、機能性がどんどん進化しているので、自分に合ったシューズが
見つかるまで何足でも試してみるといいでしょう。試し履きをして、
違いを感じる、楽しむことも選手にとっては必要な感性です。ただ、
競技用シューズは機能が進化している分、価格も安くはありません。
選手はそれを心に留めて、いろいろなシューズを試しながらも、大
事に履いてほしいものです。

> **POINT** 好きなファッションでいいが、周囲から見られている自覚を持
> つ。陸上選手の相棒であるシューズにはこだわって、大切に。

趣味

ネガティブシンキング

趣味を持たずに競技のことだけを考えて、行き詰ってしまう

神シンキング

趣味に没頭する時間のほうが、価値観が広がる場合もある

陸上選手に限ったことではありませんが、趣味を持ったほうがいいと思います。**スポーツをしていると、必ず行き詰まるときがあるので、気分転換が必要です。**無理に趣味を持て、とは言いませんが、陸上だけ、自分の競技のことだけを考えすぎるのは望ましくありません。**趣味を楽しむ時間をつくっておきましょう。**

　外出することでもいいし、室内でできることでも構いません。私の学生時代の趣味はゲームやアニメでしたが、同期生たちは外出することが多かったです。今は推し活ブームで、いろいろなジャンルの人や物が「推し」になる時代なので、多くの選手が何かしらの「推し」を持っていると思います。**趣味に没頭する時間のほうが、かえって価値観が広がる場合もあるし、**「あの人が言っていたのはこういうことだったのか」と頭のなかを整理できる場合もあります。

　競技で出会った仲間たちはもちろん、人生においてかけがえのない存在ですが、趣味や好きなことを通じて知り合った人たちは、とても居心地の良い存在です。社会人になり、家庭を持った今では、学生時代の陸上部の同期生たちと会う機会がだんだん減ってきましたが、共通の趣味を持つ友人には身近な人が多く、一緒に過ごす時間を楽しんでいます。

　会社の先輩方とは週に3～4日ほど、オンラインゲームをやっており、仕事だけでなく、プライベートでも交流しています。また、ゲームの友人とは別に、私と同じようにアニメや漫画が好きな友人もいます。**趣味や好きなことを共有する友人がいることで、人生の楽しみを見出すことができますし、**長く付き合える人たちだと思っています。

　趣味とは違うかもしれませんが、最近は家族での外出が増え、子どもたちも楽しめる場所に出かけることが多くなりました。私は旅行先で、Tシャツやトートバッグをよく買います。トートバッグは増えすぎてしまいましたが……。観光地で地名が入ったものを買うと、旅の思い出を残すことができます。

> **POINT** 趣味の時間は大切。競技で出会った仲間とは別に、趣味や好きなことを共有できる友人がいれば、人生の楽しみができる。

他校の選手との
関係

ネガティブシンキング

**他校の情報に惑わされ、自分たちの
やるべきことを見失う**

**情報を調べてもいいが、気にしない。
勝負はやってみないと分からない**

高校の強豪チームは、多くの選手が大学で競技を続けます。分散してさまざまな大学に進学するので、強豪校出身の選手ほど、他大学に友人、知人が多くなります。私の母校であるいわき総合高は、学年が近い後輩に数人、箱根駅伝を走った選手がいますが、強豪校ではなかったので、他大学の選手とはほとんどつながりがありませんでした。学生時代によく話していたのは、一学年下の村澤明伸選手（当時・東海大）くらいでした。

　高校時代の友人同士で連絡を取り合うので、調子が良い選手、悪い選手、ケガをしている選手の情報は、正直言って筒抜けです。また、選手は監督や先輩などから紹介された治療院に通いますが、同じ治療院にいろいろな大学の選手が出入りするので、そこでも交流が生まれます。どこで誰と誰とがつながっているか分からない状態で、情報を隠すのは難しいでしょう。**自分のチームの情報が漏れたとしても、反対にライバル校の選手が好調だという情報が入っても、焦らずに自分のやるべきことに集中するのが一番です。**

　人を介して入る情報だけでなく、自ら収集する情報もあります。自分が出場していない大会で、他校の選手がどんな記録で走ったのか、私たちもよく調べていました。当時・駒澤大の窪田忍さんや油布郁人さんが良い記録で走ったとき、「すごいな」とみんなで話していたものです。だからと言って、私たちは駒澤大に勝てないとは考えませんでした。人と人とが直接対決をするのがスポーツですから、やってみなければ分かりません。

　最近の選手は以前に増して、情報に踊らされたり、惑わされたりしている気がします。特に学生長距離は熱心なファンが多いので、選手たちがＳＮＳの書き込みを目にする機会も多く、情報が入りやすくなりました。その風潮が、彼らを余計に惑わせているのかもしれませんが……。**情報を調べてもいいですが、気にしすぎないこと。スタートラインに立ってからが本当の勝負であることを、忘れないでもらいたいです。**

> **POINT** 大学間の情報交換も、自身での情報収集も活発に行われている。勝負は直接対決で決まるものなので、気にしすぎない。

トラブル対応

ネガティブシンキング
トラブルが起きたとき、対応を誤るとチームが崩壊してしまう

神シンキング
大学1年時に大問題に直面。指揮官の正しい対応でチームが結束した

私が東洋大１年生だった2008年12月１日、当時の陸上部員が逮捕される事件が起こりました。第85回箱根駅伝まであと１カ月という時期で、チームは出場が危ぶまれ、私たちは陸上を続けられるのか分からなくなりました。東洋大陸上部にとっても、私の競技人生においても、一番大きな出来事でした。逮捕された部員は同日付で退部処分となり、２日後には当時の部長と川嶋伸次監督が引責辞任。12月５日に、箱根駅伝を主催する関東学生陸上競技連盟から「出場を制限しない」という裁定が下され、**大学側が検討した結果、私たちは出場できることになりました。川嶋監督、そして大学側の対応が早かったからでしょう。**

５日間の活動自粛期間を経て練習を再開しましたが、気持ちの整理はつきませんでした。本当に出場してもいいのだろうか、罵声を浴びせられるのではないか、不安ばかりが募りました。でも、そんな私たちを見た佐藤尚監督代行が、「このままではシード権すら取れない。出場できることに感謝して、やるしかないんだ」と導いてくれました。そして、**大西一輝主将をはじめ当時の４年生を中心にチームが結束し、初優勝することができました。**

「**ピンチはチャンスでもある**」と、よく言われます。あのとき、苦境を乗り越えたから優勝できたのかもしれませんし、なくても優勝できた可能性はあります。ただひとつ言えるのは、**指揮官がトラブルへの対応を誤らなかったからこそ、チームが結束できたということ**です。

近年、私たちが直面したトラブルと言えばコロナ禍です。自粛生活が続き、アスリートは「スポーツをしていいのか」と葛藤しました。外でスポーツをしていたり、集団で走っていたりすれば、苦情を言われたものです。そんなとき、指導者や身近な人たちが、アスリートに対してどんな対応をするか。「世間の厳しい声はあっても、制約があるなかでも、やれることをやるしかないのだ」と励まし続けることで、良い方向に進んでいけるのだと思います。

POINT ピンチはチャンス。苦境を乗り越えたから箱根駅伝で優勝できたか分からないが、指揮官の対応がチームの結束につながった。

学生との交流

ネガティブシンキング
価値観の違いを理由に、運動部以外の学生と交流しない

神シンキング

現在はいろいろな年代の院生と広く交流し、価値観の幅を広げている

私は陸上の推薦で東洋大に入学しました。陸上部員には、一般入試で入った学生はほとんどいません。学生時代、私は同じようにスポーツ推薦で入学したラグビー部員とはよく話しましたが、運動部以外の学生とはほぼ交流がありませんでした。授業で大学に行っても、陸上部員同士で行動することが多かったですし、他の運動部員も同様でした。

　スポーツ推薦で大学に入ったからには、そのスポーツに一生懸命に取り組むことは当然ですが、どうしても隣の芝生は青いものです。自分にしかできないことをやっているという自負はあっても、アルバイトをしたり、サークル活動をしたりしている学生をうらやましく思うこともありました。運動部以外の学生に、自分たちのことを理解してもらえないだろうという気持ちもあって、なかなか交流を持てませんでした。

　でも、**自分たちと運動部以外の学生とでは、生活スタイルや学生生活に対する意識が異なる部分が多い、ということを前提に、もっと交流すべきだったと今では思います。**価値観の違いを認識したうえで会話をしていかないと、かえって壁ができてしまうこともありますが……。

　大学院に進み、今では私自身が「運動部以外の学生」となりました。大学院には幅広い年代の人が在籍していますが、年齢に関係なく一緒に昼食をとったり、授業で理解できなかったことを相談し合ったりしています。統計学の課題を提出したら、ゼミ生の誰も教授から良い評価をもらえず、授業後にみんなで落ち込んで、また話し合う、という日もありました。教授たちには箱根駅伝の話をされることがありますが、学部卒業から十数年が経った今、大学院生たちが、かつての私のことをどの程度知っているかは分かりません。ただ、そんなことは関係なく、ゼミ生たちとは自然体で話すことができています。**現在はいろいろな人と交流することで、価値観の幅を広げています。**

> **POINT** スポーツをしている学生とそうでない学生とでは、価値観が異なる部分が多いことを前提に、交流を持つようにする。

家族

ネガティブシンキング

競技をするのはアスリート自身である、という意識が家族にない

神シンキング

家族とは今でも仲良し。それは常にフラットに接してくれていたから

アスリートを一番に応援してくれるのは、いつでも家族です。実家を離れ、寮生活を送っている選手からすれば特に、家族の存在が支えになります。私の家族は両親と兄4人、妹です。私は6人きょうだいの5番目で、4番目の兄とは双子です。

　両親はどちらかと言えば放任主義で、子どものやることに口出ししないほうでした。ただ、中学校に入ったとき、部活動をやるつもりがなかった私に、母が「帰宅部だけはやめてほしい」と言いました。それで、先輩から誘われた陸上部に入ってみたのです。あのときの母の一言がなかったら、私は陸上をやっていなかったですし、もちろん今の私もいないので、母には感謝しています。子どものころ、両親に怒られることはありましたが、陸上に関して注意されたことは一度もありません。私の決めたことを、じっと見守ってくれていました。

　周囲を見渡せば、家族の応援のかたちはさまざまでしたが、競技をするのはアスリート自身ですから、私はアスリートの家族が表に出てくることが好きではありませんでした。また、私の家族がそういうタイプではなかったことは救いでした。学生時代は、家族への取材依頼も多数ありましたが、両親は「頑張っているのは息子だから」と、一切断っていました。ですから、家族がテレビに出たことも、雑誌に載ったこともありません。唯一、双子の兄が週刊誌の取材を受けてしまったときは、私も怒りましたが……。

　大会によく応援に来てくれたのは、母と2番目の兄でした。父は一度も来たことはなく、箱根駅伝で私が注目されるようになってからは、正月明けに会社に出社するのが恥ずかしかったようでした。妹も「兄は兄、私には関係ない」というタイプです。それでも、**家族全員がそれぞれに私を応援してくれていた気持ちは伝わってきました。**いまだに、雑誌やウェブに私のインタビューが掲載されれば読んでくれるし、ラジオも聴いてくれます。**30代になっても家族と仲が良いのは、ずっとフラットに接してくれていたからです。**

POINT　表に出ない家族だったことが良かった。もちろん応援はしてくれたが、フラットに接してくれた。そのおかげで今も仲が良い。

著者が振り返る
東洋大時代の春夏秋冬

大学駅伝の

（12〜2月）

私の同期は、「最後までみんなで」 という思いが強い学年でした

　箱根駅伝を1カ月後に控えた12月に入ると、10日にエントリーする16人のメンバーもかなり決まってきます。誰が当確なのか、監督が口に出すことはありませんが、毎日一緒に練習していれば、選手間ではある程度は分かってきます。エントリー前の数日は、たいていは最後の2〜3人がどうなるか、という状況なので、当落線上の選手たちは練習から少しも気が抜けません。12月初旬はメンバー入りが当確の選手、ほぼ入るだろう選手、当落線上の選手、難しい選手と分かれ、チーム内の温度差が最も激しい時期かもしれません。

　12月10日に16人のチームエントリーが終わると、メンバーに入った選手は箱根駅伝までケガをしないように、体調を崩さないように、ピリピリしてきます（気をつけていても、ケガをしたり、体調を崩したりすることはありますが……）。一方で、メンバーに入れなかったらどうするか。4年生のなかには、すでに卒業に必要な単

153

位を取得していて、授業に出なくても問題ない選手もいるので、東洋大では箱根駅伝の2、3日前まで実家に帰ることになっていました。ただ、16人以外の選手がすべて不在になると、寮の実務をする部員がいなくなってしまうので、3年生以下を含め、何人かは残っていました。私の同期は、「最後までみんなで」という思いが強い学年でした。4年目は7人が16人のエントリーに入り、残念ながら入れなかった藤野俊成、西澤由浩も寮に残って、メンバーのために率先して動いてくれました。自分の練習もして、寮内の清掃や細かいことを引き受ける、そう共通意識を持ってくれたことがありがたかったです。西澤はチームエントリー当日の12月10日に行われた記録会で、5000mの自己記録を更新し、メンバーを盛り立ててくれました。彼らを含め、チーム全員で勝ち取った総合優勝だったと思います。

1月4日から大学の授業が始まるので、休むことはできませんでした

　箱根駅伝が終わるとすぐ、1月4日から大学の授業が始まるので、

COLUMN 04
大学駅伝の 冬
（12〜2月）

休むことはできませんでした。私は4年間、1月には実家に帰省していませんし、2年生のときは地元で行われた成人式にも参加していません。

箱根駅伝後の選手は、オーバーフローというか、身体的にも精神的にもいっぱい、いっぱいの状態なので、本来であればリセットしたほうがいい。しかし、冬期にもロードレースがあり、1月、2月と練習を続けていくので、なかなかゆっくりできないのが実状です。とはいえ、練習を継続しながらも、羽目を外さない程度に緩くやっていいでしょう。私の学生時代は、みんなで鍋パーティーをして、リフレッシュしていました。

そして、1月下旬から2月上旬にかけては後期試験があります。そのため、夏の前期試験と同様に、みんなでテスト勉強をしたものです。この成績により、4年生は卒業が正式に決まりますし、3年生以下は進級が決まるので、みんな必死でした。後期試験が終わると、大学は長い春休みに入ります。春のトラックシーズンに向けて、ロードレースを挟みながら合宿を行うなどして、練習を積んでいきます。

柏原竜二
×
新谷仁美
（積水化学／女子長距離選手）

巻 末 特 別 対 談

ポジティブシンキング
と
ネガティブシンキング

ともに長距離ランナーとして世代をけん引し、プライベートでも
親交の深い著者と新谷仁美。書籍のコンセプトにちなみ、互い
がポジティブ思考か、ネガティブ思考かとの問いで始まった対談
は、SNSとの付き合い方や互いの競技観、そして引き際の見
極めまで話題が広がった。二人の「シンキング」を少しだけの
ぞいてみよう。

THEME 01　お互いの思考

──初めに今回の書籍のコンセプトにちなんで、お二人はポジティ
ブ思考、ネガティブ思考、どちらですか？

新谷　私はネガティブ思考ですね。柏原くんはどう？

柏原　僕も同じくネガティブです。でも、新谷さんのインスタグラ
ムを見ていると、例えば「髪の毛染めました」とか「ネイル変えま
した」という投稿がすごくキラキラして見えるんです。新谷さんっ
て、自分自身に対してはポジティブなのかなという印象があるので
すが、そのあたりってどうですか？

新谷　今の時代ってSNSを上手く使わないと、精神的に悪影響を
及ぼしてしまうという恐怖心があって。その時点でネガティブじゃ

ないですか？（笑）。特に、競技に関することは「この書き方で、私の思いって伝わりますか？」と、事前に横田（真人、新谷が練習を行っているTWOLAPS TCの代表兼コーチ／男子800mの元日本記録保持者）さんやスタッフに確認しています。ただ、それとは別に競技とは違う一面も見せたいという思いもあって。どうしても女子の長距離トラックって、注目度や華やかさに欠ける面もあるので。ちょっとした承認欲求かもしれないけれど、ポジティブに見せているつもりです。

——競技を始めた中高生時代からネガティブだったのでしょうか？

柏原　最初は単純に楽しかったんですけれどね。

新谷　もちろんレース前は緊張していたし、「逃げられるなら逃げたい」って思うこともありました。でも、少なくとも社会人になってからと比べると、高校までは記録が出れば出るほど楽しかったな。

柏原　どのあたりから変わっていきましたか？　僕はおそらく、大学に入ってからだと思うんです。高校生の頃は「やった！　都道府県対抗男子駅伝で区間賞取れた！」とか、記録や結果が出るのを純粋に楽しんでいたので。でも、「責任」を伴い始めてから、徐々に「楽しくない」という気持ちが芽生えていった気がしていて……。

新谷　まったく同感です。私も実業団に進んで、自分の走りに対してお給料という「対価」を受け取るようになってからですね。失敗を許されないわけではないけれど、部活動との違いがプレッシャーになって、そこから不安要素が大きくなっていきました。

柏原　大学に進む前に、高校の先生から「お前みたいなやつは毎年たくさん入ってくるから、それを4年間戦い抜かなきゃいけない」と言われたんです。確かに、箱根駅伝は10人しか走れないのに、その枠を60人以上の部員で争わなければいけません。その中で、練習番長では駄目だし、試合で結果を残さなければならない。毎年、ストレスのかかる現象が増えていったなという印象があります。

新谷 私は2011年の大邱(テグ)世界選手権を経験してから、競技への向き合い方が大きく変わりましたね。代表になったから終わりではなく、成長し続けなければならないし、それに対して必要なものを自分で取り揃えていかなきゃいけない。そう気づいたときに「楽しいだけではやっていけない」と思いました。もちろん、楽しく走れている選手を否定するつもりはありません。でも、私の場合、それでは自分のことを高められない。ただ、ネガティブ思考のアスリートって、世間的にはあまりよく思われないのかなって……。
——それはどういうことでしょう?
新谷 パリ・オリンピックを見ていて、ネガティブな気持ちを言動にした選手に対して、これだけアンチコメントが飛ぶのだなと驚いたんですよね。多分、私は叩かれるタイプかも(笑)。ネット社会が大きくなったことで、実際の言動以上に悪く受け取られるのかもしれません。特にアスリートは「武士道」が求められているという

か、負の感情を表に出すことをよく思われないのかなと感じています。

柏原 個人的には、ネガティブな結果に対する立ち回りが、あまり上手ではない選手も多いなと感じました。インタビューで上手く話せないときに「今はすみません。言葉にならなくて」と一言添えるだけで、視聴者にはその悔しさが伝わると思うんです。でも、あまりにも「怒り」や「悲しみ」を表に出してしまうと……。

新谷 確かに、柏原くんが言う「立ち回り」は気になった部分がありました。同じ競技者として、思うような結果につながらず、イライラする気持ちには共感できます。それを身内やスタッフに見せるのはいいけれど、カメラの前で出してしまうのは残念かなと。でも、ネガティブな感情のコントロールはなかなか難しいですよね。

柏原 その点、サニブラウン（・アブデル・ハキーム）選手（東レ、男子100mと200mで日本歴代2位の記録保持者。2022年と23年の世界選手権男子100mファイナリスト）は、立ち回りがすごく上手だなと思いました。準決勝で敗退した直後も「全然、駄目っすね」と淡々と世界との差を分析していて。悔しいという感情をにじませ

つつも、そのさじ加減が絶妙だなと見ていました。

新谷 今の話で思ったのが、冷静になる時間を早めることが大切かなと。私もマラソンで狙っていたタイムに届かず、泣きたくなったり、怒りに近いような感情が出たりすることもあります。でも、その中ですぐに「何が原因だったのか」と冷静に敗因を探らないと、次に進めないし、成長がストップしてしまうのかなと思っています。

——先ほどからたびたびワードが挙がる「ＳＮＳ」との付き合い方は、今の時代のアスリートならではの課題だと感じています。

柏原 ＳＮＳで飛び交う言葉って一面的だし、一方通行ですよね。まずは相手を思いやる気持ちから作り直さないといけませんよね。

新谷 私は、ＳＮＳを利用する上で、横田さんに言われた「自分の思いや価値観を共有するのはいいけれど、相手に押し付けてはいけない」という言葉を念頭に置いています。押し付けるというのは、相手の価値観や考え方を否定することにもなると。今まで横田さんが発してきた言葉の中で一番印象に残っています。同時に「自分、今までそうしてきたな」という反省もあるんです。

——それはどういった面においてでしょうか？

新谷 例えば、長距離ってラン練習が終わったらすぐに帰って、家や寮で筋トレやストレッチをするのが一般的なスタイルだと思うんです。でも、中距離や短距離の選手は競技場ですべてを完結させますよね。私はその意味が分からず「家に帰ってやれば？」とイライラすることもあって。でも、横田さんに「その選手にとってはその場ですぐにやることに意味がある。自分の価値観の押し付けはよくない」と注意されました。確かに、自分がこういう思いで競技を進めていると言っても、相手にとっては理解できないこともある。そうした経験からヒントを得て、私はＳＮＳや日々の行動も含めて「逆算」することが大切だなと思っています。

——逆算、ですか？

新谷 要はすべてにおいて「この行動の先に何が起きるのか」を考

えることが必要だなと。ＳＮＳにおいては、自分の価値観を押し付けて、誰かを傷つけたら、いずれ同じことが自分に返ってくると思うんです。だから私は「自分の心を守るために何が必要か」を考えて、「炎上」するのを防ぐために、スタッフにダブルチェックしてもらうという結論に至りました。私は、起こらない確率が低くても、万が一の事態を考えて不安になるタイプなんです。

柏原　分かります。僕は飛行機に乗ったら、真っ先に非常口を確認しますよ。離陸の瞬間に「もし胴体着陸になったら……」とか想像しちゃうんですよね（笑）。

新谷　私も同じ！　考え過ぎかもしれないけれど、「起こり得る」という前提で動いたほうが、実際に直面したときもパニックになりにくいのかな。自分を守るためにあえてマイナスなことを考えるというか……この性格、すごく疲れるんですけれどね（笑）。

柏原　僕って合宿に行くとき、人一倍荷物が多かったんですよ。

新谷　え！　意外！　私は逆に、必要最低限しか持っていかないな。

柏原　夏合宿にウインドブレーカーって、９割９分要らないですよね。でも、万が一寒かったら……と思って、毎回パンパンになるくらい荷物を準備していました。すぐ不安になるんです。今日出発するときも「途中で自転車がパンクしたら……」と、10分くらい点検してきました。もし待ち合わせに遅れたら、新谷さんの貴重な時間を潰してしまう。僕、人の時間を無駄に奪うのがすごく嫌なんです。

新谷　あ〜だから私、柏原くんと付き合えるんだなって腑に落ちました。私ってすごく人脈が狭いんです。昨日まで友人だったとしても、価値観が合わなくなればすぐに疎遠になってしまう。だからこそ、私が大切にしたい人に対しては「相手に不快に思われないようにどうしたらいいだろう」って考えて行動しています。柏原くんとはバックグラウンドが似ているのもあって、プライベートで競技の話をしていても「価値観が近いな」って思うことが多いんです。

THEME 02 お互いの走りの魅力

——お二人のレースの印象もうかがいたいです。まず柏原さんは、新谷さんの走りにどんな魅力を感じていますか？

柏原 新谷さんのレースはコンセプトがはっきりしていて、そこに対して逃げも隠れもしないんですよね。例え体調が悪くても「戦わなきゃいけない」という意思がブレないんです。あと、駅伝ではしっかり自己犠牲を払うのがカッコいい。昨年（２０２３年）のクイーンズ駅伝（全日本実業団女子駅伝）で積水化学が優勝したときに「区間賞は取れなかったけれど、チームが勝てたのがうれしい」と話していたのが印象的でした。実業団になると、チームで勝ちたいというより、「区間賞を取りたい」という気持ちが勝ってしまう選手って少なくありません。新谷さんのように、毎回区間賞候補に挙がるくらい強いのに、自己犠牲を払える選手って実はあまりいないと思っています。

新谷 ……うれしい（笑）。「自分の力が衰えてきたな」と感じてしまう瞬間をそう評価してもらえるなんて。やっぱり区間賞を逃すと「新谷も終わったな」と思われることが多いので。それだけ若い選手が育っているという現実（クイーンズ駅伝では１学年下の選手が区間賞を獲得）もあるけれど、大切にしている人にそう理解してもらえているのならうれしいですね。

柏原 もう一つ加えると、新谷仁美という選手は、どんな体調でも本気で区間賞を狙いにいっている。だから、すごいんです。体調が悪かったら「５番以内に入れればいいや」と下方修正してしまうし、そういう気持ちって見ている側にも伝わるんですよね。自分の体調を見て「上」を決めちゃう選手って少なくありません。でも、新谷さんはそれでも勝負を挑みにいくのがカッコいいですよね。

——新谷さんは、柏原さんの走りに対する印象はいかがでしょうか？

新谷 一番印象に残っているのは、4年生の箱根駅伝（2012年）ですね。彼をパッと見たときに、大体の人が「5区で4年連続区間賞を取って『山の神』と呼ばれた選手」と思いますね。その実績だけを切り取ると、「苦しいことなんてあったの？」と思ってしまう。でも、最後の箱根はすごく苦しそうに上っていたんです。その中で勝ち取った真の区間賞、区間記録だと思ったし、「本当の意味であの山を戦い抜いたんだ」と感じました。同時に、「この選手は、きっと私と同じで0か100しかないんだな」って、勝手に親近感を覚えていました。

柏原 その通りです。上手くその間をコントロールできない（笑）。

新谷 「今日のレースは8割でいこう」と言われても、ゆっくり走るか、全力で走るかの二択しかないんですよね。もう少し考えて走れば？　と思われるかもしれないけれど、競技者として「すべてに全力で臨まなければいけない」という価値観が一致しているのかな。

柏原 もちろん練習のときは出力を調整しますが、試合においてはどんな場面でも0か100かだと思うんです。

新谷 こうして今はお互いの思いを共有できるけれど、当時は面識もなかったので「なんて華やかな競技生活を送っているのだろう」と思っていました。だって、箱根ってオリンピックくらい注目されるじゃないですか。ただの嫉妬ですよね（笑）。でも、4年時の走りを見たときに「なんて恥ずかしいことを考えていたのだろう」と反省したし、そこから箱根に対する見方が変わっていきましたね。

——柏原さんは最後の箱根を振り返ってみていかがでしたか？

柏原 世間では「柏原が先頭でタスキをもらったら区間新記録はあり得ない」と言われていたんですよね。実際、メディアにもそう書かれていましたから。でも、そんなの全部ひっくり返してやろうと思って。前年（2011年）の箱根の後に東日本大震災が起きて、東洋大の酒井俊幸監督からは「敗者が何を言っても伝わらない」と言われていました。大好きな地元に貢献するとしたら、勝つしかな

い。だから頑張れたのだと思います。僕は多分、自分のためには頑張れない。誰かの喜ぶ顔を見るのがうれしくて走っていたのだなと、改めて思いましたね。

新谷 私も同じです。現役復帰して、自分が楽しいと思って競技をやっていないからこそ、それでも私を応援してくれる思いに応えたいというのが、日々のモチベーションになっています。

柏原 僕の娘は、新谷さんがテレビや雑誌に出ていたらすごく喜びますからね。今日も一緒に来たそうにしていましたよ(笑)。

新谷 それがすごくうれしい! 応援してくれる人の存在って、思っている以上に力になります。でも、柏原くんや周りがいくら褒めてくれても、たった一つのネガティブな声で一気に崩れるんですよね。

柏原 そう! それはそうなんですよ……。

新谷 たった一つの「もう終わりだな」という言葉ですごく沈んじゃう。自分の結果に対して、言われなくても反省しているからこそ、さらに追い打ちをかけられるのが負担になる。アスリートがどうメンタルをコントロールしていくのかは、永遠の課題ですよね。

——ネガティブな言葉にぶつかったときの克服法はありますか？

新谷 実は、昨年（２０２３年）の年末にＸをやめました。というのも、Ｘは「本音のＳＮＳ」だと思っていて、リアルな言葉だからこそ、グサッと刺さってしまう。結局、自分が思う結果を出せていなければ、自分の心を守るためにも、ＳＮＳを見ないのが一番有効なのかなって。

柏原 最近は「なんでこんなことを書くのだろう」って、その人の立場になって分析するようになりましたね。人前で話すことが生業になっているので「こういう部分が見えていないのかな」「ここを手厚く発信できたらよかったな」とか、次に生かそうとしています。

——お二人にとって、鬱屈としたときの「癒し」は何でしょうか？

新谷 私にとっては猫ですね。でも最近、本当にリラックスできるのはヨガだと気づきました。つい先日、初めてヨガのレッスンに参加したら、日々抱えているストレスや緊張がスーッと抜けていくのを感じたんですよね。年齢を重ねるほど、色んな知識が増えて思考が偏っていく分、意外と「本当の自分」に気づくことって難しいのかも。自分を理解するってまだまだ未知な部分が多いですね。

柏原 僕はひたすら外を歩くことですね。何をするわけでもなく、「とりあえずこの駅で降りよう」から始まって、そこから一駅分歩いてみる。今は家族がいるのですぐに帰りますが、たまに「渋谷から家まで歩いてみようかな」って思い立つこともありますね。

THEME 03　お互いの競技観

——次に、お二人の競技観についてお聞きします。新谷さんは近年、独自の練習哲学でマラソンの日本記録更新を目指しています。

新谷 私は競技においても「結果を得るためにどうしたらよいか」を常に逆算しています。私が一番嫌なのは「ただ距離を踏めばいい」という考え方。日本のマラソン界は「長い距離を踏めば勝て

る」という思考がいまだ根強く残っていますよね。距離を踏んで強くなる選手もいますが、質を高めることでリズムがよくなり、力を発揮できる選手もいるはず。選手によって「表現」は違うはずなのに、なぜ一括りにしてしまうのだろうと不思議に思ってきました。私と横田さんは「その考え方でなくても戦える」というのを見せていきたいのですが、そのためには「敗者」では駄目で、結果を出さなければ負け惜しみになってしまう。より説得力を増すためには、日本記録という結果を叩き出さなければいけません。

柏原 パリ・オリンピックの男子マラソンでは赤﨑暁くん（九電工）が入賞しましたが、彼のすごさって長い距離を踏んだことではなく、「あの難コースにどうすれば適応できるのか」を考え抜いた結果だと思うんです。自分に染み込ませるために距離を踏むことが必要だったというのがポイントで、「距離を踏んだ」という表面的なところだけ見るのではなく、その理由をきちんと考えなければなりませんよね。

新谷 合宿も同じで、その都度「目的」を考える必要があるよね。

柏原 そうですよね。東洋大では、酒井監督がそれぞれの合宿の意図を説明してくれました。でも、実業団では自分で考えなければいけないし、ときには「この合宿の意味は？」って思うことも……。

新谷 そう！　この前、北海道の千歳合宿に行く意味が分からなくて、横田さんに「必要だと思えない」って直談判したんです。最近は都内も涼しくなってきたし（対談は8月下旬に実施）、わざわざ遠征しなくても、ある程度質の高い練習はできると思って。横田さんは「新谷が次のレースで結果を出すための質は、東京の気温ではどうしても上げられない。長距離選手にとっては2、3℃の気温差が大きいからこそ、少し涼しい千歳に行って思い切り実戦練習をしよう」と丁寧に説明してくれました。このやり取りのおかげで納得することができましたね。

──与えられたものをそのまま受け入れるのではなく、自分の中

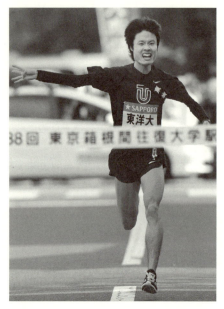

で「思考する」というワンクッションを入れているのですね。

新谷 やはり指導者がチームに対して言っていることは「答え」ではなくて、「ヒント」だと思わなければいけないのかな。例えば、複数人に同じメニューが与えられても、それぞれ走力も課題も異なりますよね。言われたことをそのまま受け入れるのではなくて、「自分だったらこういうテーマでやろう」と、結果につなげるための「答え」を探るのが大切ではないかと思います。

柏原 僕は高校3年生の頃、記録が伸び悩んだ時期があって、先生に「1カ月くらい好きに練習してみろ」と言われたんです。自分で考えてやってみたものの、案の定、破滅したんですよね（笑）。そのときに「先生のメニューって、なんてよくできていたんだろう」と気づき、その意図が見えるようになりました。酒井監督は1カ月から2カ月に1回、メニューを出すのですが、疑問に思ったことは必ず呼び止めて聞いていましたね。きちんと咀嚼しないと、「与えられた練習をやったのに勝てなかった」と人のせいにしてしまうと思うんです。

新谷 柏原くんはちゃんと考えているからこそ疑問に思うんだよね。何でも疑えばいいわけじゃないけれど、「これって大丈夫なの？」

と考えることって何においても大切だと思います。

柏原 でも正直、現役生活の終盤は、結果が出ないことを人のせいにしていて、そんな自分が嫌で引退したという面もあります。酒井監督には「うちに戻って続けたら？」とも誘われていました。でも、そのマインドのままだったら、次は大好きな酒井監督のせいにしてしまう。やはり「自分がどう強くなるのか」というコンセプトをはっきり持てていないと、競技に向き合う時間が楽しくないんですよね。

新谷 私も「横田さんに言われたとおりにしたのに」とか、他人のせいにする瞬間が増えていったら、自分の終わりどきかなって思う。それに気づいて辞めるという決断は、逆にえらいなって思います。正直、実業団の選手って全員が結果を出せているわけではないですよね。自分の立場を考えて、ぬるま湯に浸かり続けるのではなく、去り際を見極められる選手ってすごく貴重な存在。柏原くんは、結果が出なかった時期も含めて、自ら考えて戦い抜いた選手だよね。

柏原 新谷さんは、常にもらっている対価に対して、それに見合った結果を出せているかどうかを考え続けていますよね。

新谷 私たちは企業の支援があるからこそ走れていて、対価を受け取っている以上、それに応えなければならない。1年後も同じ場所

にいられるとは限らないという危機感は、常に持っていますね。

——ここまでお話を聞いてきましたが、お二人は自分自身を「俯瞰、客観視する」という意識が強いように感じました。

柏原 「斜に構えている」とも言われがちですけれどね（笑）。そういうわけではなくて、自分がどうあるべきかを見ているんです。

新谷 しかもネガティブに深く考えがちなので、疲れるし、イライラされることもあります（笑）。でも、私の場合、ポジティブなだけだと浮かれてしまって、冷静に物事を考えられないんですよね。ネガティブなときって「自分がこう言ったら相手はこう思うかな」とか、いろいろと冷静に思考できる気がしていて。完全に主観ですが、ネガティブな人って、相手の気持ちをくめる人が多いように思います。

柏原 確かにネガティブな人間って、よくも悪くも「相手にどう思われるか」をすごく気にしますよね。以前、新谷さんを自宅に招こ

うとしたのですが、直前に来られなくなったことがあって。妻とは「とりあえず新谷さんから連絡が来るまで待とう」と話していたのですが、「こっちから連絡しないと、逆に新谷さんが気まずいかな……」とか、いろいろと心配してしまいましたね。

新谷 直前の試合の結果がよくなくて、当日に「どうしても気持ちが整わない」という理由でお断りしたんです。多分、ドタキャンできたのも「柏原くんなら私の気持ちを分かってくれる」という甘えと信頼があったからなんですよね。

柏原 僕も実業団時代に、アキレス腱が腫れて数カ月間走れなかったときは、周りに当たり散らして、世の中すべてを憎んでいましたもん（笑）。そういうとき、あるよねって思いました。

新谷 私は周りに出すというより、内に秘めるタイプかも。あ、でも一人だけいました。横田さんです（笑）。この地球上で一番信頼しているのは母ですが、その次は他の家族を飛び越えて、横田さんですね。競技以外でもサポートしてもらっているし、負の感情をぶつけられるからこそ、気持ちを保てている面はありますね。それは柏原くんや他の友人には出せない一面だと思います。

柏原 僕は友人、競技者としての新谷仁美という人間は大好き。でも、練習中や試合に向かうときは、触らないほうがいいのかな（笑）。

新谷 それはよく言われる（笑）。でも、そういう一面があるのも分かった上で付き合ってくれるのがありがたいですよね。多分、この距離感が一番ちょうどいいのかな。これからもよろしくね。

新谷仁美

にいや・ひとみ◎1988年2月26日生まれ、岡山県出身。興譲館高校を卒業後、小出義雄監督率いる豊田自動織機に所属。2007年の第1回東京マラソンでは、女子の部で優勝した（2時間31分01秒）。その後はトラックに主戦場を移し、11年の大邱世界選手権（5000m）、12年のロンドン・オリンピック（5000m、1万m）に出場。13年のモスクワ世界選手権では、1万mで5位入賞を果たした。14年に一度、現役を引退したが、18年に復帰。21年の東京オリンピックは1万mの代表になり、22年のオレゴン世界選手権はマラソン代表（欠場）に選出された。23年1月のヒューストン・マラソンで、日本歴代2位（当時）となる2時間19分24秒をマーク。現在は積水化学に所属し、TWOLAPS TCで練習を行っている

エピローグ
EPILOGUE

良いことも、悪いことも、選手同士で共有して、強いチームをつくり上げてほしいものです

　初めての自著となる『神シンキング』を出版するにあたり、自分の考えや価値観がより鮮明になりました。私の考え方には、生きていくなかで変わってきた部分と、ずっと変わらない部分とがあって、それをうまく表現できたかどうかは分かりませんが、人間は思考を巡らせることが大切であるとお伝えできていれば幸いです。

　新谷仁美選手との対談を通じては、たくさんの学びがありました。以前の新谷選手は、「結果を出さなければ、私が競技を続けている意味がない」と話していましたが、今は「応援してくれる人たちがいるから、私は走り続ける」という柔軟な考えに変わりました。ただ、2025年1月に控えているヒューストン・マラソンに向けて自身を律している姿を見ると、競技者としてのスタンスが変わっても、自身がどうあるべきかを常に念頭に置いている部分は変わらないと感じました。アスリートは、引退するとどうしても貪欲さがなくな

ってしまいます。競技を引退した今の私には、新谷選手のように何かを追求する心、何かを達成しようとする意欲がないので、良い刺激をもらっています。また、対談の後には、新谷選手から「あらためて自分の考えがまとまった」という言葉をいただき、本当にありがたかったです。

　さて、10月14日の出雲駅伝から2024年度の学生三大駅伝が始まりました。10月19日には箱根駅伝予選会が行われ、2025年1月2日、3日の本戦に出場する全20校が決定しました。結果については、すでに報じられているとおりです。両大会での各校の戦いぶりについては割愛しますが、一つ言えるのは、陸上競技は準備が8割から9割を占めるスポーツだということ。当日は気温が高くなるかもしれない、ペースが速くなるかもしれない、あるいはスローな展開になるかもしれないと、あらゆる可能性を見据えて、トレーニング面、メンタル面において万全の準備をした大学が良い結果を手に入れていました。

　来る箱根駅伝に向けて、各校がさらに士気を高めてくることでし

ょう。時の流れのなかで、選手自身がこうありたいという理想像は変わっていきます。「チームのために頑張りたい」、「チームに貢献したい」という気持ちは、もちろん1年生にもありますが、4年生ほどではないはずです。年月を経ることによって愛着が湧いてきますし、チームのために、仲間のために、という集団凝集性が出てくる。その思いが中央に集結した大学が強いのです。そして、それを先導するのは、監督ではありません。最終的に指揮を執るのは監督ですが、チームをつくるのは選手たち自身ですし、チームをまとめ上げるのがキャプテンです。プロセスやストーリーを紡ぐことは、監督にはできません。良いことも、悪いことも、選手同士で共有して、強いチームをつくり上げてほしいものです。

これからも主観ではなく、客観的に、俯瞰で見ることを忘れずに伝え続けていきます

　私はこの駅伝シーズンも、各大学を取材しています。過日の箱根駅伝予選会では、多くの監督とお話しさせてもらいましたが、雑談

EPILOGUE

を含め、監督の皆さんがフランクに話してくれるのは、適度な距離感を保てている証拠だと思っています。私は解説者という立場ですから、監督、選手をリスペクトする一方で、批評しなければならないときもありますが、これからも主観ではなく、客観的に、俯瞰で見ることを忘れずに伝え続けていきます。

　この『神シンキング』は、読者の皆さんにとって発売直後にはセンセーショナルな1冊になるかもしれませんが、何年か経って読み返したときに「古い」と感じるようになってほしいと思います。もちろん、この本が少しでも皆さんの心の拠り所になればいいですし、いつまでも愛読してもらえればうれしいですが、「今はこうなっているのだ」と言われるくらいのほうが、世の中は発展していきます。皆さんが数年後、この本を「古い」と感じたなら、ご自身の考えをアップデートできた証拠ですし、ぜひそうあってほしいと願います。

2024年12月吉日　柏原竜二

著者PROFILE

柏原竜二

かしわばら・りゅうじ◎1989年7月13日生まれ、福島県出身。内郷一中学校→いわき総合高校→東洋大学→富士通。貧血体質だったため、高校時代はインターハイへの出場経験はなかったが、貧血を克服し、卒業間近の全国都道府県対抗男子駅伝で1区区間賞。2008年に東洋大に進学し、1年時の箱根駅伝5区では8校をごぼう抜きしての区間新で、東洋大を逆転優勝に導いた。5区で4年連続区間賞。区間新を記録した年に、東洋大は3度の総合優勝を果たしている。大学卒業後、富士通に入社。17年に現役から退いた。自己ベストは5000m13分46秒29(12年)、10000m28分20秒99(09年)、ハーフマラソン1時間03分16秒(09年)。現在は、解説者としても活動し、24年4月には東洋大大学院に進学し、社会心理学を学んでいる

神シンキング
4年連続5区区間賞の箱根駅伝レジェンド
柏原竜二が解釈する「60」のワード

2024年11月30日　第1版第1刷発行

著　　者／柏原竜二
発 行 人／池田哲雄
発 行 所／株式会社ベースボール・マガジン社
　　　　　〒103-8482　東京都中央区日本橋浜町2-61-9 TIE浜町ビル

　　　電話　　　03-5643-3930（販売部）
　　　　　　　　03-5643-3885（出版部）
　　　振替口座　00180-6-46620
　　　https://www.bbm-japan.com/

印刷・製本／共同印刷株式会社

©Ryuji Kashiwabara 2024
Printed in Japan
ISBN 978-4-583-11720-1　C2075

※定価はカバーに表示してあります。
※本書の文章、写真、図版の無断転載を禁じます。
※本書を無断で複製する行為（コピー、スキャン、デジタルデータ化など）は、私的使用のための複製など著作権法上の限られた例外を除き、禁じられています。業務上使用する目的で上記行為を行うことは、使用範囲が内部に限られる場合であっても私的使用には該当せず、違法です。また、私的使用に該当する場合であっても、代行業者などの第三者に依頼して上記行為を行うことは違法となります。
※落丁・乱丁が万が一ございましたら、お取り替えいたします。